Ouvidos dourados

A arte de ouvir as histórias
(... para depois contá-las...)

© 2022 by Jonas Ribeiro

© Direitos para esta publicação exclusiva
CORTEZ EDITORA
Rua Monte Alegre, 1074 – Perdizes
05014-001 – São Paulo – SP
Tel.: (11) 3864-0111
cortez@cortezeditora.com.br
www.cortezeditora.com.br

Fundador
José Xavier Cortez

Direção
Miriam Cortez

Editor
Amir Piedade

Preparação
Maria Isabel Diniz Ferrazoli

Revisão
Alessandra Biral
Alexandre Ricardo da Cunha
Gabriel Machado Maretti

Edição de Arte
Mauricio Rindeika Seolin

Obra em conformidade ao
Novo Acordo Ortográfico da Língua Portuguesa

Dados Internacionais de Catalogação na Publicação (CIP)
(Câmara Brasileira do Livro, SP, Brasil)

Ribeiro, Jonas
   Ouvidos dourados: a arte de ouvir as histórias (... para depois contá-las...) / Jonas Ribeiro; ilustrações de Márcia Széliga. – 1. ed. – São Paulo: Cortez, 2022.

   ISBN 978-65-5555-257-7

   1. Arte de contar histórias 2. Contadores de histórias I. Széliga, Márcia. II. Título.

22-112746   CDD-808.543

Índices para catálogo sistemático:
1. Arte de contar histórias: Literatura 808.543

Cibele Maria Dias – Bibliotecária – CRB-8/9427

Impresso no Brasil – julho de 2022

Jonas Ribeiro

ilustrações de
Márcia Széliga

Ouvidos dourados
A arte de ouvir as histórias (... para depois contá-las...)

1ª edição

2022

Dedicatória

Aos artesãos que, amavelmente, confeccionaram os materiais que uso para contar histórias: colchas, baús, capas, lenços, fantoches, marionetes, objetos e invisíveis cartolas.

De certa forma, esses artesãos deram mais sentido, profundidade e beleza à minha existência.

Imensa e infinitamente obrigado a:

Claudia Cascarelli, pelos tantos baús e fantoches de feltro e tecido.

Marco Antonio Godoy, por pintar vários baús, pelos bonecos e objetos.

Jurandi, pelos tantos baús que você produziu para minhas empreitadas.

Tati, Wagner e Lúcia, pelas colchas e capas, pelos baús, adereços e fantoches de tecido, papel machê e os mais inusitados materiais.

Helder Holiveira, o Có, por pintar o baú do livro *O banho de cores*.

Vitorio Borella, pelos baús de nossos livros *A história bela do gato e da panela*; *Os vizinhos esquisitos que aprendi a amar*.

Patrícia Cabral, da *Sala dos Brinquedos*, por coordenar a produção dos últimos baús, além de colocar a mão na massa para pintar e bordar.

Tamires Makhoul, pelos bonecos de *amigurumi*.

Luiza Morandin, pelos lenços bordados e pintados à mão.

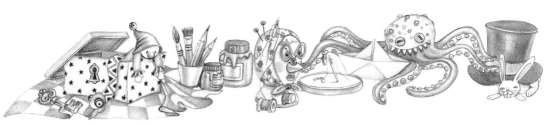

Ana Bedoya, pelos bonecos e pelo monstro de tecido.

Alex Arruda, pela arca e pelos barquinhos de madeira.

André Parisi e Everly Giller, pelas marionetes.

Carlos e Valéria, pelos fantoches do livro *O funil encantado*.

Marcos Chieus e Sônia, pelos fantoches de papel machê.

Juvênia, pelos fantoches de tecido.

Maura, Celeste e Márcia, pelos fantoches de espuma; sobretudo, pelos primeiros fantoches do livro *Faniquito e siricutico no mosquito*.

Izilda Gomes, pelos fantoches de papelagem.

Cirineu, por pintar meu primeiro baú (que garimpei num antiquário e que você escreveu na tampa: Capitão Jonas, funcionário da fantasia pública).

Cremilda e Epitáfio, e pensar que vocês dois interromperam uma pesquisa e produziram para mim uma coleção exclusiva de cartolas feitas de invisibilidade, ternura e memória poética.

E a todos os demais artesãos que também entraram para a minha história e de quem, infelizmente, desconheço os nomes e a origem.

Agradecimentos

Quero também registrar um agradecimento ao amigo e editor Amir Piedade, que assinou a primeira edição dos livros *Ouvidos dourados* (1999) e *Contos de fadas* (2004) pela Editora Ave-Maria. Agora, depois de mais de duas décadas e como editor da Cortez Editora, Amir assinou a reedição desses dois títulos reunidos em um único volume. Claro que a amada ilustradora Márcia Széliga, que fez as ilustrações da primeira edição do *Ouvidos dourados*, também está conosco nesta reedição. À amiga e diretora teatral Marilena Cabral, que há tantos anos me recebe em Ubatuba para ensaiarmos os baús. Aos meus amorosos pais, Jane e Toninho, que se empenharam para que eu vivesse de livros, para os livros, entre os livros. À minha fabulosa revisora Márcia Rizzardi, a primeira leitora de tudo o que escrevo e com quem compartilho tantas ideias e empreitadas literárias. À amiga, escritora e contadora de histórias Ana Carolina Lemos, com quem divido tantos versos de cumplicidade fraterna. À divertidíssima e competente Débora Santana, que tem me ajudado a manter todos os meus baús na mais perfeita ordem. À acolhedora família Cortez, que recebe mais uma obra minha em seu catálogo. Aos tantos estabelecimentos de ensino que me receberam para falar de livros e contar histórias.

Obrigado, educadores, coordenadores, diretores, bibliotecários, leitores e ouvintes que apreciam livros escritos com alegria e histórias contadas com a boca cheia.

Muito obrigado.

Sumário

1
O alvorecer, 10

2
Um manifesto de prazer, 13

3
As palavras, as pausas e a linguagem corporal, 24

4
Um abismo entre o que se pretende e o que se consegue, 35

5
A escolha de repertório, 42

6
As formas de apresentar uma história, 49

7
Baús de histórias, 64

8
A singularidade do contador de histórias, 76

9
Contar histórias remotamente em tempos de pandemia, 83

10
Por que até hoje contamos os contos de fadas?, 90

11
O sonhador que educa e o educador que sonha, 97

12
Intuição, a canção da consciência, 109

13
Mergulhando na piscina das palavras, 121

14
O amor e a sabotagem afetiva na trajetória do herói, 132

15
Humor e leveza: um caminho narrativo, 147

16
Tempo de fazer, 160

17
Tempo de ouvir, 168

18
O novelo do tempo, 172

Bibliografia, 176

1

O alvorecer

Atrás do arco-íris, quem for
periga encontrar um baú
cheinho de lápis de cor.

Leo Cunha[1]

Na verdade, não queria que as primeiras páginas destas reflexões tivessem o nome de introdução. Queria algo expressivo, poético. Algo que nascesse por detrás das montanhas e que ao mesmo tempo sugerisse uma certa fidelidade de propósito, como o amanhecer. E que tudo isso não fosse tão somente mera sugestão da Natureza, mas que fosse tão lindo, eterno e real como um diamante, como um legítimo conto de fadas. Mesmo porque um livro que se propusesse a enfocar um tema tão grandioso não poderia começar com uma terminologia técnica. Introdução? Preâmbulo? Alvorecer. E como ele, o alvorecer, representa o princípio do dia, seu rompimento, convém que comecemos este livro ao som das trombetas...

---

[1] *In*: CUNHA, Leo. *Debaixo de um tapete voador*. Ilustrações de Anna Göbel. Rio de Janeiro: Ediouro, 1997. p. 4.

Senhoras e senhores, damas e cavalheiros, meninas e meninos, vamos fazer de conta que estamos vendo os arautos saírem à sacada principal de um palácio de 777 torres, abrirem seus pergaminhos e, em coro, proclamarem:

– Sua Majestade, o Rei Nankim, declara que a partir deste momento ele passará a escrever um livro sobre o privilégio de ouvir as histórias.

Pelo povo corre um burburinho quando o soberano Nankim aparece na sacada. Ele levanta os braços para o alto e abençoa os súditos. Para surpresa de todos, o Criador transforma seus braços em dois pincéis. Palmas, brados, alaridos, e, entusiasmado, o Rei se retira, provavelmente para registrar seus ensinamentos nas paredes brancas das 777 torres do palácio. Enquanto isso, o povo vai fantasiando e gerando lendas em torno de tudo o que o Rei poderia escrever nessas paredes.

– Dizem que à noite as sereias fazem amor com o Rei...

– ... e que durante o dia as fadas vêm acariciá-lo e lhe servir o néctar e a ambrosia.

– Você soube que o Rei anda escrevendo até nos tetos das torres de tanto pano que o assunto está dando pra manga?

– Falaram que o Rei não sabe mais os degraus...

– Como ele faz?

– Flutua em lençóis de nuvens, cavalga em cavalos-marinhos...

E, curiosíssimo, o povo vai fantasiando e gerando lendas e mais lendas em torno de um sábio rei que domina com maestria a arte de ouvir as histórias.

2

Um manifesto de prazer

> Às vezes, afastar-se de uma apresentação padronizada e aproximar-se da espontaneidade, da expressão autêntica dos sentimentos mais irracionais, é, sem sombra de dúvida, para o contador de histórias, a melhor maneira de presentear os ouvintes com uma experiência narrativa cheia de curvas, saltos e reviravoltas.
>
> Mikhail Uskhabellus[2]

Prezado leitor, todo manifesto representa um amontoado de ideias engasgadas que precisam sair da garganta de qualquer jeito.

Você já deve ter percebido que estou me justificando por tê-lo escrito, e estou mesmo, pondo tudo em pratos limpos, porque esse manifesto está tão embolado que cheguei a pensar diversas vezes se o colocaria aqui, neste segundo capítulo. Mas, cá entre nós, quando nasceu, este manifesto já chegou desgrenhado, amarfanhado, um tanto amarrotado. Depois, vestiram-no com uma libré. Até puseram-lhe

---

[2] *In*: USKHABELLUS, Mikhail. *Amor, ciência e irracionalidade*: ampliando a capacidade de amar. Tradução de Amir Piedade. 692. ed. Juiz de Fora: Franco, 2001. p. 329. (Coleção Reunindo os Pensamentos de Mikhail Uskhabellus).

um cravo vermelho na lapela só para ele irradiar felicidade e prazer. Portanto, outra vez mais peço desculpas por esta miscelânea sem nenhuma pretensão didática.

Segue, então, o tal manifesto:

Abaixo as histórias utilitárias!
Abaixo as histórias moralistas, doutrinárias!
Viva o lúdico pelo lúdico!
Vivam as histórias que não conhecem os limites da realidade palpável, as histórias que não são um mero pretexto para uma proposta pedagógica.

Definitivamente, nós não contamos histórias para a interiorização de regras gramaticais ou para dar suporte a teorias de aquisição de linguagem, mas, sim, porque amamos contá-las, porque é um ato de criação, porque temos necessidade de tornar nossas vidas significativas.

Contamos histórias para o ouvinte tocar, abraçar e reconhecer a plenitude de sua essência. Para o ouvinte organizar sua casa interna, seus objetos, e, nela mesma, na sua casa interna, desvendar novos cômodos, janelas, quadros, sótãos, porões ou caixinhas que sempre existiram e nunca foram notadas. Como se nós, contadores de histórias bem versados, quiséssemos levar o ouvinte a confrontar-se com sua realidade interna, como se quiséssemos desnudá-lo; porém, desnudá-lo com suavidade, lentamente, para conseguirmos a proeza de o ouvinte sair da sua rotina e atravessar, sem perceber, a ponte que une o reino da consciência racional ao reino da consciência mítico-simbólica das histórias da tradição oral.

Caberá ao contador de histórias agir como um farmacêutico e injetar nas palavras uma dose de fantasia e outra de realidade, trazer à superfície das palavras a face do mundo, a cognição, e fazer aflorar a face do espelho, o autoconhecimento. E considerar o estágio emocional e intelectual dos ouvintes a fim de facilitar-lhes a decifração da narrativa.

Segredos para contar histórias? Existem aos montes, mas não recomendo confiar na fragilidade de seus discursos práticos, objetivos. O ideal seria que retirássemos a graça e a beleza de dentro da história, da força de suas imagens.

O caminho mais garantido para conseguir uma boa narração continua sendo o estudo e o convívio com a história, o enredo, os detalhes. Estudar a história previamente proporcionará, no momento de contá-la, segurança, naturalidade. Além de que, se errarmos ou nos perdermos em algum trecho, saberemos sair do enrosco com facilidade. Ter a história clara na mente nos permite fazer interferências e formar imagens rápidas em torno de detalhes soltos e imprescindíveis à sua estética e visualização.

A espontaneidade narrativa provém do estudo direcionado, e só ele, o estudo feito com morosidade e zelo, nos encaminhará à plenitude de toda palavra: existir e viver dentro da história, existir e viver para a história.

Zenão de Eleia (490 a.C.-430 a.C.), filósofo pré-socrático da escola eleática, nascido em Eleia (atualmente Vélia, na Itália), tem uma frase bastante pertinente para essas nossas reflexões: "O Criador nos deu duas orelhas e uma boca para que escutemos duas vezes mais do que falamos." Aí é que está o X da questão. Como queremos contar uma história sem estarmos munidos de várias releituras, sem termos saboreado e destrinchado cada uma de suas partes?

Só podemos contar uma história sobre a qual temos domínio, familiaridade e que conhecemos a fundo. Como conseguirei envolver e emocionar os ouvintes se desconheço os medos, as dúvidas, as fraquezas, os desejos e os pontos vulneráveis das personagens? Como contar com vivacidade uma história que não entrou em mim e não corre nas minhas veias? Tão logo inicie a narração, os ouvintes perceberão se entre mim e aquela história há entrosamento, se somos colegas ou amigos cúmplices, se estão assistindo a mais uma narração ou se estão diante de uma apresentação memorável, porque, para conquistar a chancela de memorável, uma narração precisa mexer profundamente com os ouvintes. Os anos vão passar, e os ouvintes se lembrarão daquela história que foi contada com as vísceras. E se lembrarão com os cinco sentidos porque reconhecerão sutilezas e devoção poética na voz de quem a contou, na tessitura dos acontecimentos, no arremate preciso das frases.

Segue-se, então, um postulado: primeiro, o convívio com a história; e só depois, quando a história estiver inteira dentro de nós, é que estamos prontos para contá-la, para transmitir aos ouvintes as experiências desse convívio.

Ajustando botões...

A primeira dúvida que nos assalta: pode-se contar uma mesma história para diferentes faixas etárias? Vão compreender? Ou para alguns vai parecer sonsa?

Por mais singela que seja, uma história pode ser contada para um grupo de catedráticos. Tudo depende da linguagem, do ritmo, da perspicácia do contador, das tantas camadas de entendimento que se colocam nas frases, nas palavras, nos silêncios. O contador observa a plateia que tem diante de si e ajusta vários botões. Uma história simples, ao ser contada para adolescentes do Fundamental 2 ou do Ensino Médio, pode crescer em complexidade, e, dependendo do contexto, talvez deixemos a história em sua versão original, com poucas e simples palavras, e pode ser que, assim, agrade muito mais do que se adaptássemos e regulássemos os botões da linguagem e da velocidade.

Outra dúvida reluz com certo charme: com que idade a criança já pode começar a ouvir histórias? O ideal seria que o embrião já ouvisse histórias. No entanto, falta-nos a sabedoria indígena e oriental de conversar com o filho que ainda se encontra no ventre materno.

E depois, se a Terceira Idade não foi educada para ouvir histórias, para a escuta atenta, para caminhar nas suas veredas íntimas, como esperar que nossa cultura conte histórias, para os embriões, desde as primeiras semanas da gestação? Felizmente, há exceções, e vemos surgir aqui e ali grupos de leitura e narração de histórias para bebês e gestantes.

No ato de ouvir histórias recupera-se o aroma folclórico de uma atividade grupal e o sentimento de alívio em saber que outros vivenciam conflitos semelhantes aos nossos: o reconhecimento, a catarse.

Sempre sabemos quando os ouvintes escaparam de nossas mãos ou quando continuam atentos, empolgados com a história. Se a atenção é real, nada nos impede de acrescentar um detalhe charmoso em alguma cena: uma cortina de veludo vermelho; um perfume inebriante; uma cor; um sorriso; um diálogo. Por outro lado, se os ouvintes já se dispersaram e cada um está mergulhado em seus pensamentos, melhor que encurtemos a história em respeito até aos que ainda dedicam uma atenção parcial para a atividade. Cabe a nós avaliar a reação da plateia e fazer os devidos ajustes.

A prática dos contos de fadas

Por mais que os requintes e lançamentos literários sofram constante aperfeiçoamento, próprio de um mercado editorial especulativo, a literatura infantojuvenil continuará tendo sua faceta mais atraente na literatura de tradição oral e mais propriamente nos contos de fadas.

E por que, mesmo sendo cruéis, eles vêm sendo divulgados pela indústria livresca e pela oralidade por tantos séculos? Onde reside tamanha atração? E por que contar os contos de fadas?

Porque são as únicas histórias que, de maneira tão descomplicada e simbólica, falam de perdas, fome, morte, medo, abandono, violência... e porque os contos de fadas têm sua base nas camadas do inconsciente coletivo, calcados em sentimentos comuns a toda a humanidade; daí a explicação de encontrarmos contos bastante semelhantes nas diversas culturas, em épocas também diversas.

O conto norueguês *Kari Batadepau* (ALBERTI, 1999, p. 101-121) lembra demais o conto *A Gata Borralheira*, dos Irmãos Grimm, no que diz respeito à relação entre madrasta e enteada. A psicóloga Ana Cristina Canosa Gonçalves (1998, p. 86-87) estudou a fundo essa rivalidade, essa perseguição que, *a priori*, une as madrastas às enteadas. Eis o que diz a renomada psicóloga:

> De certa forma, madrastas que assumem enteados órfãos o fazem concretamente, mas nunca substituirão integralmente a mãe, mesmo que assim o queiram. A madrasta então terá uma prova difícil de ultrapassar: a competição que a criança promoverá com a figura idealizada da mãe.
>
> Na fantasia dessas crianças, a madrasta veio roubar o lugar da mãe, aproveitar-se da ausência dela para ocupar-lhe o lugar. E a mãe ausente não pode fazer nada.
>
> A criança pode resistir à presença da madrasta porque se torna um guardião do lugar materno na vida da família, um príncipe valente trajando uma armadura reluzente com uma espada na mão que não poupará esforços em atacar qualquer um que ouse penetrar "o território sagrado do amor materno".

Como vemos, os contos de fadas não são tão ingênuos quanto parecem; eles possuem um fundo arquetípico, uma série de sentimentos complexos, ajeitados de um modo fácil de entender, e, justamente por isso, merecem nossa atenção.

Para ilustrar ainda mais a eficácia da prática dos contos de fadas, vou me valer de algumas curiosidades em torno do assunto.

Um dos métodos da medicina hindu consiste em oferecer um conto de fadas às pessoas desorientadas, e a escolha desse conto considera a problemática psíquica dos pacientes.

No Oriente, podemos encontrar o narrador profissional de contos de fadas. Na Arábia se fazem viagens para ouvir um conto. E grandes coleções de contos de fadas indianos e turcos, como *Pantschatantra* e *Livro de papagaios*, foram utilizadas para a educação de jovens príncipes. Sem contar as mil e uma histórias que a jovem Cheherazade contou ao Sultão Chahriar para salvar as mulheres de seu povo e prolongar a própria vida, pois suas narrativas maravilhosas, noite após noite, foram conquistando o amor e o respeito do Sultão.

Alunos, grandes aliados

Nunca sabemos o que os alunos se tornarão, os cargos que ocuparão e como escreverão suas ações e interações sociais e políticas em âmbito nacional e internacional. Por outro lado, se, por meio da narração de histórias, fortalecermos a autoestima, a autoconfiança e o amor-próprio dos alunos, eles crescerão solidários, saudáveis, criativos, talentosos.

Talvez, por meio de tantas histórias lidas e ouvidas, ao longo de muitos anos, seja possível à criança e ao jovem escrever para si uma história original, saudável, empolgante, e até entender que as conquistas exteriores só acontecem quando aprendemos a lidar com nosso mundo interior, nossas emoções, nossos pensamentos.

Sim, contamos histórias para que crianças e jovens olhem para dentro de si e escrevam um enredo significativo para trilhar, seguir em frente.

Contamos histórias porque sentimos prazer em dançar com as palavras, em reconhecer o ruído de seus passos em nossos ouvidos. O contador de histórias ajusta as vozes das personagens com os seus batimentos cardíacos. Ele ouve a voz da ficção e sabe esperar o florescer das ideias grandiosas, exuberantes.

A difícil função do educador: priorizar o Conhecimento sem projetar nos alunos a sua individualidade como algo semelhante ou maior do que o Conhecimento em si.

Para que os alunos caminhem com as próprias pernas e conquistem autonomia intelectual e emocional, será fundamental que o educador saiba recuar no momento oportuno. Convém nos lembrarmos de que, na maioria das vezes, a teoria está subjacente à prática, à brincadeira conjunta.

Quando o educador recua no momento certo, a aula preserva e amplia seu encantamento. Inevitavelmente, esse educador será mais respeitado e admirado por sua estratégia de recuo, por entender que toda boa aula combina explicações, devaneios, humor, seriedade, sorrisos, silêncios, entrelinhas, revelações, mistério, graça.

O mesmo se dá com o contador de histórias ao ter o bom senso de recuar e deixar que sua voz seja um reflexo da história inteira, com todas as suas *nuances*.

O professor e o contador de histórias podem ajudar os alunos e os ouvintes a reconsiderarem seus objetivos e fazer com que se aproximem de si. Fazer com que desejem manifestar o melhor de si, convidá-los a viajar pelo interior de suas emoções mais mirabolantes.

Na verdade, o contador perspicaz sabe contar duas histórias enquanto conta uma só. A história vivida por dentro das personagens e a história dos acontecimentos por que passam as personagens. A história de tudo o que acontece no âmago e na alma das personagens e a história das ações. Percebam que há uma diferença descomunal entre o universo emocional e o mundo das ações. Possivelmente, quem escuta uma história pode até supor que a aventura e as ações sejam a força motriz de uma história. Não é bem assim que funciona a Arte, porque o que está abaixo da superfície é incomensuravelmente mais importante do que o que está visível ou, no nosso caso, o que é contado, ouvido. Podemos contar uma história simples, mas lá no fundo dessa história pode estar a chave para um ouvinte curar-se, libertar-se, emancipar-se. E o que há lá no fundo? Um emaranhado de emoções que sobem à superfície de acordo com o grau de maturidade e entendimento do ouvinte.

O contador perspicaz sabe transitar pelo enredo e entrelaçar os acontecimentos de diferentes formas. Sabe ouvir os sentimentos da história e entender como ela quer apresentar-se aos ouvintes. Ele nem ousa passar por cima dos lábios dourados de uma história, pois sabe que, procedendo dessa maneira, perderá o privilégio de ter os ouvidos dourados para entendê-la. E, depois, nem se pode entender uma história em sua totalidade. Devemos aceitá-la, unicamente, com suas vastas planícies de incertezas, com seus labirintos e recônditos obscuros.

Aceitá-la, como o Criador aceita as divergências e os despropósitos de sua criatura. Aceitar a história como ela é. Inclusive, quando quer, a história reúne forças, nos coloca em suas costas e voa para além da realidade. E o que é a realidade? Bruxa chata, burra e descabelada, isso, sim.

Gostoso mesmo é voar.

Voar no tapete mágico para a Terra do Faz de Conta.

Abra-te, Sésamo!!!

Queremos passar, queremos viver, queremos voar.

Voar numa voz arrebatada, firme, natural.

Sobrevoar campos de lucidez, vales de insensatez.

Lembra?

Voar gostoso foi quando fazíamos de conta.

Então façamos de conta que somos alados.

Por que não?

Lustremos os pavilhões dourados dos ouvidos.

Ouçamos a Música do Universo.

Voar. Voar. Voar.

Por puro prazer!

3

As palavras, as pausas e a linguagem corporal

– É que o jeito do senhor contar histórias é lindo: começa manso, apertando os erres e pondo umas palavras diferentes, que eu só ouço do senhor e que se soltam livres quando fala de castelos e florestas. Todo mundo presta atenção. Outro dia, quando o senhor contava uma história, o silêncio era tão grande, que até deu para ouvir uma abelha zunindo perto de mim. Ah, seu Rodolfo! Só o senhor mesmo pra contar assim... é como tomar *milk-shake* com duas bolas imensas de sorvete de chocolate. É bom demais, e depois que a gente toma um *milk-shake* desses não acha mais graça em *milk-shake* de uma bola só, entende?

Ana Lúcia Brandão[3]

Agora que lavei a égua com o manifesto e falei tudo quanto desejava falar de forma bagunçada, vamos colocar os pingos nos "is" e fazer um livro como se deve...

A primeira vez que contei história foi uma tragédia.

Vou contar como aconteceu. Em 1987, a Alessandra Giordano, uma amiga contadora de histórias, jogou para o alto o seguinte convite:

---
[3] *In*: BRANDÃO, Ana Lúcia. *Conta uma história?* Ilustrações de Roger Mello. São Paulo, Paulinas, 1998. p. 20. (Coleção Magia das Letras; Série Bambolê).

– Jonas, vamos fazer um projeto de contos de fadas numa creche?

Aquelas palavras eram mais do que um convite. Eram confetes. Era a felicidade ali, sorrindo à nossa frente. Nem precisei dizer que aceitava porque os meus olhos diziam isso tudo e um pouco mais. Que empolgação deliciosa de sentir! Fomos, então, falar com a coordenadora e a diretora da creche. Combinamos que iríamos toda semana para trabalhar com apenas uma única sala, o "Pré". No primeiro encontro, a Alessandra contou divinamente. Os alunos adoraram. No segundo encontro, a Alessandra não pôde ir, nem no terceiro, nem no quarto... E eu me vi no desejo, não na obrigação, de dar continuidade.

Brinco que a Alessandra não me deu um empurrãozinho, e sim um impulso firme e afetuoso para os contos. Funcionou, graças a ela.

Sem a companhia da mestra, comecei caindo do cavalo. E que tombo! Lembro-me até hoje daquele dia. Decorei de cabo a rabo o conto *O Gato de Botas*, dos Irmãos Grimm. Sabia de trás pra frente o conteúdo daquela versão da Editora Kuarup. Essa edição, inclusive, trazia uma explanação psicológica que mergulhava nas imagens simbólicas do conto *O Gato de Botas* e um texto muitíssimo bem redigido pela ilustre Vera Teixeira de Aguiar, professora de Literatura Brasileira e Sociologia da Leitura, na Pontifícia Universidade Católica do Rio Grande do Sul. Ou seja, eu estava realmente pronto, sentindo-me o secretário e biógrafo do Gato de Botas. E assim, todo prosa, lá fui eu encantar as crianças. Fiz bonito, não me esqueci de nenhuma vírgula, nenhum detalhe, falei corretamente, sem aparentes tropeços. Procurei, inclusive, com uma carga emocional extra, enfatizar as cenas que valorizavam a astúcia e a coragem do protagonista felino. Quando, enfim, terminei a minha contundente *performance*, os alunos estavam sonolentos, com as cabeças deitadas nas carteiras, loucos pra sair da sala. Teve aluna que até bocejou. Outro aluno teve a petulância de perguntar:

– A gente já pode sair pro pátio?

Hoje penso que eles foram bastante razoáveis comigo.

Analisemos o que houve. Além da minha inexperiência como contador, a classe não estava habituada a ouvir histórias. O conto que escolhi era complexo demais para reter a atenção desses alunos. Devo ter passado para eles a imagem de um forasteiro maluco. Embora nos comunicássemos na mesma língua, dava a impressão de que eu estava falando grego. Onde já se viu comunicar-se com crianças com tanta formalidade? Santa ignorância...

Nos encontros seguintes, recorri a contos menores. Deixei de decorá-los e passei a senti-los, a contá-los com minhas palavras, com palavras mais compreensíveis. Fui avançando na extensão, brincando com figuras de linguagem, sinônimos, e, à medida que os alunos ficavam desejosos para curtir enredos de maior complexidade, eu desenrolava mais linha. Além dos contos de fadas, recheei nossa programação também com fábulas, lendas, adivinhas, poesias, livros de imagens. Ou seja, descompliquei.

Naquele mesmo ano, fui assistir a um *show* da Mercedes Sosa no Memorial da América Latina, em São Paulo. Casa cheia e muita expectativa. A consagrada cantora argentina entrou, sentou-se e ajeitou o microfone. Aplausos contidos, alguns assobios e só. Discreta, ela cumprimentou os músicos e desatou a cantar. E a plateia admirando. Porém, não totalmente entregue aos encantos da cantora. Mas o *show* só começou de verdade quando ela retirou do bolso um lenço colorido, levantou-se de seu banquinho e começou a dançar, dançar, rodar. Daí, sim, a Mercedes Sosa conquistou a plateia e todos se levantaram, dançaram e mergulharam na Arte.

Tive um *insight* nessa hora! Um lampejo! A chave era a linguagem corporal! Entendi tudo! Tudinho! Eu estava contando histórias só com as palavras. Contava histórias só com a boca e a expressão facial.

O resto do corpo não participava. Só o intelecto trabalhava. O corpo havia sido excluído, ele nem sequer tinha sido convidado para participar daquele momento todo.

A partir de então convidei meu corpo para contar história com minha cabeça. Ele fechou o tempo, quase recusou, mas acabou cedendo. Estamos juntos até hoje. Recuperei a integridade. Não era mais uma cabeça sem corpo, nem um corpo que perdeu a cabeça. Ao contrário, minha cabeça reconheceu a importância do meu corpo. Dissolveram as contrariedades e deram início a uma parceria amorosa, irreversível, deliciosa.

Um muro dividia meu corpo. Ainda bem que eu tive a sensatez de admitir a existência desse muro e a iniciativa de derrubá-lo antes que ele ficasse enrijecido demais.

Nem preciso falar que as crianças sentiram a mudança. E que a partir dessa descoberta "óbvia" eu consegui entrar no mundo delas.

Bati com a cara na parede outras vezes e, como todo aprendiz esforçado, fui juntando uma conclusão aqui, uma leitura ali. Consegui entender o que realmente tinha acontecido no tal dia fatídico. Consegui, enfim, definir a matéria-prima do contador de histórias.

Quer saber do que é feita essa matéria-prima?

Palavras, silêncio e linguagem corporal.

E, vamos e venhamos, uma matéria-prima bastante difícil de precisar e de caracterizar. Mas não tão difícil assim de compreender. Por exemplo, que graça tem um contador de histórias com um palavreado impecável, se não consegue dimensionar sua narração pela linguagem corporal e por aquelas pequenas pausas tão tagarelas? A imagem que me ocorre é a de uma múmia letrada, mais trapaceira do que culta, sem graça, sem nenhuma coordenação motora (como eu fui). E, depois, é a mesma coisa que falar, falar e o corpo desmentir todo o entusiasmo, a alegria e a aventura que o discurso está propondo ou tentando expressar.

A harmonia dos três elementos – palavra, silêncio e linguagem corporal – determina o sucesso da história. Falemos mais detidamente sobre cada um.

As palavras

Você já ficou preso aos encantos de alguém que fala de maneira tão agradável, envolvente, que fez com que você até se esquecesse da hora? Foi bom demais, não foi? A manhã passou voando, a tarde passou num piscar de olhos e nem deu pra sentir o cheiro da noite. Certamente, essa pessoa consegue encadear as palavras com habilidade. E, mais, consegue falar com ritmo, melodia. Há modulações agradáveis em seu discurso.

Em compensação, há gente com a voz tão irritante que provoca dor de cabeça coletiva.

As palavras precisam de cadência e quem pretende proclamar-se contador de histórias tem que, sobretudo, ingressar no universo musical das palavras e ser amigo das gramáticas, dos dicionários, das literaturas.

Descartada a ideia de um contador de histórias que não goste de ler e conversar, que fale num só tom, sem modular a voz. Inconcebível um contador que não seja um estudioso da língua materna e que não tenha uma relação de intimidade com as palavras escritas e faladas.

Sem falar que, quando se conhece a própria língua, pode-se brincar com ela, reinventá-la, fazer construções gramaticais elaboradas, usar sinônimos, abusar de figuras de linguagem, instaurar o mistério. Acima de tudo, é possível situar o discurso entre o padrão culto e o padrão popular da língua sem incorrer, dessa forma, no erro de ser ou muito elitizado, distante do público, ou muito pão, pão, queijo, queijo, convencional, sem ao menos o emprego de algum vocábulo pouco usual e que dá aquele baita efeito literário na história que se está contando.

Uma coisa é certa: seja formado essencialmente por crianças, seja por adultos, o público sempre sabe quando o contador de histórias tem ou não familiaridade com a língua, com as palavras. E nada mais grave do que um contador fazendo voos rasantes, usando um vocabulário mixo, sem brilho nenhum.

Peço licença para deixar aqui um exemplo corriqueiro. A professora explica um ponto da matéria. Um aluno não entende e pede para ela explicar novamente. A professora repete o que acabou de falar, mas, desta vez, ela se vale de outras palavras, outra entonação, outro olhar, e o aluno agradece, conseguiu entender. Quando explicou novamente, a professora disse a mesma coisa, apenas buscou sinônimos, palavras e enfoques diferentes. Foi na reelaboração de seu discurso, ou melhor, de sua explicação, que a professora conseguiu desembaraçar a dúvida do aluno. Se pretendemos preservar e conquistar um número considerável de ouvintes, convém usarmos as palavras com generosidade e encontrarmos outros caminhos discursivos para reanimá-las e favorecer a construção da história no imaginário dos ouvintes.

Geralmente, quando visito uma escola, fico nos dois períodos, manhã e tarde. O mais comum é os professores dobrarem o turno. Ou seja, assistem duas vezes à minha apresentação. Para que a segunda apresentação se mostre igualmente interessante, procuro não automatizar frases e busco outras construções, geralmente com cenas e palavras renovadas.

Não mudo tudo, são pequenos arranjos para comprovar que não sou sócio do clube dos papagaios que nutrem aversão ao ato de pensar.

Mas nem tudo deve ser expresso em palavras. Existem aqueles momentos em que temos de deixar uma frase no ar porque, do contrário, estaremos tirando conclusões e pensando pelos ouvintes e, por conseguinte, menosprezando a capacidade interpretativa do público.

O silêncio

Tão importante quanto a palavra em uma narração. Porém, sua duração deve ser precisa, nem a mais nem a menos. Uma exatidão que a gente só aprende a imprimir com o tempo.

Aparentemente, o silêncio se apresenta vazio de informações, mas é em sua duração que o ouvinte consegue esmiuçar e apreciar as cenas criadas pelas palavras ditas nas frases anteriores. Ele desempenha o mesmo trabalho que os limpadores de para-brisa, os quais, durante a chuva, limpam o vidro para seguirmos o trajeto sem deixar de enxergar o que está à nossa frente, ao nosso redor. O silêncio, por sua vez, limpa a narração. Permite ao ouvinte dispor de tempo para saborear as palavras, afagar uma conjugação verbal feita com propriedade e conhecimento. O silêncio confere eco para as palavras, faz com que elas vibrem, repercutam. Uma prática que se aprende ouvindo e que se apreende do texto, a pedra fundamental do contador de histórias, do condutor de silêncios, maiores e menores.

Há sempre um discurso de silêncio sendo narrado simultaneamente a todo bom discurso feito de palavras. Esse discurso de silêncio nada mais é do que o alicerce do discurso oral. Não pensem que ele se apresenta da mesma forma para todas as histórias. De cada história emana um discurso distinto de silêncio. Questão de ritmo. Uma história de amor tem um ritmo lento se comparada a uma história de aventura. Agora, uma história de terror apresenta um ritmo tenso, um silêncio assustado, igual a quando alguém chega correndo até nós e, ofegante, conta algo com palavras despejadas e respiração sobressaltada. Podemos afirmar que cada gênero literário atrai para si um tipo de pausa, tanto na narração oral quanto na leitura silenciosa de uma história.

Por outro lado, se empacar diversas vezes de forma desnecessária, o contador perde a fluidez narrativa e revela insegurança ao fazer tantas pausas sem uma intenção contextual.

Há silêncios acolhedores e incômodos. Essa graduação depende da intencionalidade do falante, de sua competência para construir esferas agradáveis ou desagradáveis. Caso eu esteja descrevendo todos os ingredientes que a Bruxa Cremilda colocou em seu caldeirão para fazer um xarope, precisarei de palavras e pausas horripilantes: meleca de hipopótamo; asa de morcego; pata de aranha; chiclete sem gosto nenhum, mascado por mais de duas décadas... A gente até consegue enxergar a plateia franzindo a testa e fazendo cara de nojo, repúdio. Tudo isso porque o contador soube valorizar as pausas e as palavras-chave de seu enunciado.

O silêncio, expresso pelas pausas, tem um código próprio, apoiado na linguagem corporal. E é nos intervalos das pausas que o corpo tem mais liberdade para recontar a história com as palavras.

A linguagem corporal

Retomemos a questão da múmia. Nada pior do que ouvir alguém falando sem agitar as mãos, sem movimentar uma ruga. Alguém incapaz de qualquer gesto espontâneo. Já se tornou um estereótipo do humor: a figura da mulher excessivamente vaidosa que fez tantas plásticas no rosto, a ponto de ninguém conseguir identificar se está sorrindo, gritando ou chorando. É uma expressão facial única para todas as emoções. E como contar histórias sem que o ouvinte consiga entender nossas expressões faciais, sem decifrar nossos movimentos corporais?

Não sei por que sempre adorei observar, mesmo de soslaio, gente que se enruga toda para falar e faz cara de espanto, alegria, euforia, desapontamento. São presenças marcantes. Não ficam em cima do muro, entre estar num lugar e não estar. Ocupam realmente um lugar no espaço e falam com a boca cheia, sem medo de ser feliz, sem receio de pronunciar as palavras sonoramente, com todas as letras. Pessoas sem um pingo de constrangimento de se embananar e se confundir com as ambiguidades da língua.

Agora, esse papo de titubear, de ora ser, ora não ser, de ficar amuado, borocoxô, de farol baixo, está terminantemente proibido para o contador de histórias. Ou conta com gosto ou bico calado. Ou é contador de histórias ou não é. Não estou, com isso, sugerindo que o contador deva colocar cinco pulgas em sua roupa e ficar remexendo-se freneticamente, tendo chilique, faniquito. De maneira alguma. Estou apenas afirmando que contar histórias implica estar presente por inteiro, mesmo quando se está começando a trilhar os caminhos dessa arte.

O corpo nunca conseguirá ser dissimulado. Ao ler o nosso corpo, as pessoas sabem quando estamos entusiasmados, decepcionados ou mesmo camaleônicos, anestesiados. Está escrito em nossa postura, em nossas feições. Nossa fisionomia entrega. Essa nossa inabilidade em adulterar emoções pode ser usada a nosso favor. Por exemplo, se eu estiver no clímax de uma história de aventura, meu corpo pode vestir a euforia, a empolgação, e a narração convence e consegue colocar o ouvinte lá dentro da história, num lugar quentinho e prazeroso de estar. Pronto! Fomos outra vez engolidos por uma história bem contada.

Quando o contador de histórias fala a palavra floresta, o corpo desse contador precisa ser a floresta, ter a extensão e a temperatura da floresta. Quando o contador conta que um hábil cavaleiro montou num cavalo e fugiu de um grupo de saqueadores, ele precisa narrar essa cena com velocidade, agilidade. Nesse ponto da narração, não faz sentido ele valer-se da serenidade. A cena pede ação. E, claro, o corpo do contador terá de ser vibrante, reproduzir a tensão do cavaleiro ao montar no cavalo e fugir dos saqueadores.

> Se estivermos em sintonia com nosso corpo,
> ele será nosso melhor aliado.
> Agora, se carecermos de uma relação visceral
> com nosso corpo, a história que contamos nunca terá
> permissão de entrar e ficar morando pra sempre no
> imaginário do ouvinte.

Ah! Em caso de o corpo opor fortes resistências em participar da história, melhor enfaixá-lo e escondê-lo dos ouvintes num sarcófago. E missão cumprida, ponto-final.

4
Um abismo entre o que se pretende e o que se consegue

> Um dos prazeres que sinto ao produzir um filme
> é constatar que muitas vezes uma cena inesperada
> – ou até mesmo errada – acaba dando certo.
>
> Charles Chaplin[4]

As pessoas costumam afirmar que tudo o que não é planejado dá mais certo. Em parte, até concordo. Penso que existem alguns pontos que devemos, sim, planejar, mas há outros que fogem do nosso controle e dependem do momento em que a história é contada.

O erro, o branco, um besouro que entra pela janela (para também escutar histórias), a inevitável manifestação dos engraçadinhos, as vozes silenciosas da plateia, algum aluno aéreo em órbita, o riso, o toque de um celular, tudo isso e muito mais faz parte do ato de contar histórias.

Não podemos negar, trabalhamos com gente e, consequentemente, com situações imprevisíveis.

Para melhor ilustrar o conteúdo deste capítulo, transcreverei aqui dois relatórios de um tempo em que andava perambulando por muitas

---

4   *In*: SIMÕES JR., José Geraldo (org.). *O pensamento vivo de Chaplin*. Tradução do autor. São Paulo: Martin Claret, 1990. p. 70. (Coleção Pensamento Vivo).

escolas. Um entra e sai absurdo de escolas, um trabalho sem nenhuma continuidade, exaustivo demais. Por isso, na época, senti falta de um lugar onde me reencontrasse com os alunos, onde pudesse sentir algumas raízes se afundarem na terra, e novamente recorri a uma creche.

Em 1995, uma vez por semana eu visitava uma sala do então Pré-Primário (crianças de 5-6 anos) da Creche Mãe-Querida, na capital paulista. Pegava uma caixa de papelão, nela colocava meus apetrechos e tomava o rumo da creche.

> 18/8/1995
>
> Hoje aconteceu algo interessante. O aluno Renan estava manipulando a nossa convidada especial, a cobra Baby Consuelo (fantoche de feltro bem colorido, daí a homenagem à cantora), e, num ato de bisbilhotice e curiosidade, ele puxou a língua da Baby. Para sua surpresa, a língua da cobra ficou em sua mão. E a cobra ficou sem língua. Pronto, o circo estava armado. Tudo quanto foi aluno, aluna, começou a denunciar o amigo:
>
> – Tio, o Renan tirou a língua da cobra. Tio, o Renan tirou a língua da cobra.
>
> E o que eu poderia fazer? Pautar-me pelo provérbio "Olho por olho, dente por dente" e também arrancar a língua do Renan que, na altura do campeonato, estava todo encolhido num canto da sala por ter sido delatado, pego em flagrante? Ou deveria lascar uma baita bronca? Poderia informá-lo de que como arrancara sem piedade a língua da cobra, nada mais justo que desse a sua língua para a cobra.
>
> Na hora, todos olharam para mim, inclusive os olhos suplicantes do Renan. Esperavam uma atitude de minha parte. Pensando bem, a que tipo de reação estavam condicionados numa circunstância como essa? Não tive dúvidas, aproveitei o ensejo para explicar-lhes o que fazia um veterinário, o médico dos animais.
>
> Quando encerrei a atividade, prometi para a semana seguinte trazer notícias da pequena operação que a Baby faria. Nada grave. Cirurgia simples, sem grandes perigos, a de costurar a língua da cobra. Ou seja, o que tinha tudo para tornar-se um incidente desagradável acabou virando um acontecimento mágico.

Vejamos: se eu tivesse procedido de forma convencional e chamasse a atenção do Renan, a aula teria sido simplesmente mais uma aula. E o que aconteceria com os sentimentos de autoestima desse menino? Que imagem ele faria de si? Será que para ele a cobra representava só um brinquedo? Não nos esqueçamos de que, nos contos de fadas, as cobras e os sapos simbolizam o órgão genital masculino. Será que, em função de uma repreensão indevida, o Renan poderia abandonar ali a capacidade de explorar situações novas e expandir sua curiosidade? E pensar que nem eu mesmo teria percebido o mal que causaria ao Renan, e muito menos ele teria dimensão do labirinto emocional em que teria entrado, sem saber se algum dia encontraria a saída...

No final das contas, o incidente foi resolvido sem traumas, a Baby passa bem e o Renan está mais falante e seguro de si.

Deixamos a universidade e o magistério com uma imensa e pesada cesta de sonhos e conteúdos programáticos. Não vemos a hora de aplicar nosso conhecimento e revolucionar o mundo e a educação com nossos sonhos de liberdade.

A hipotética e inicial impressão que temos é a de que os alunos nos ouvirão silenciosamente, sem interrupção, e o instante da história transcorrerá cristalino, sem que nenhum incidente perturbe a soberana voz do contador. Ledo engano. As crianças mudaram e, como consequência, o contador de histórias também teve de rever sua postura.

Os avanços tecnológicos e uma enxurrada de estímulos socioculturais, visuais, auditivos, táteis, sensoriais e toda uma gama de estímulos que a criança de antigamente não recebia fizeram com que a criança de hoje ampliasse sua visão de mundo e inteligência. Logo, se a história para a criança de Educação Infantil não for contada de forma interativa e essa criança não estiver sendo solicitada vez ou outra a participar e dar sua opinião, dificilmente o contador conseguirá manter a atenção dessa ouvinte.

Pode contar com gracejos, pedidos para ir ao banheiro, crianças que já conhecem a história atropelando sua voz e antecipando os acontecimentos seguintes e, pior do que isso, revelando o final da história. Um deus nos acuda, nada daquilo que idealizamos. Um tremendo abismo entre a pretensão e o resultado.

Como não adianta querer vencê-los, porque nós nos cansaremos bem antes e entregaremos os pontos, o mais inteligente é aproveitar a excessiva energia dos alunos, direcionando-a e aproveitando-a no contexto da história. Porque essa energia terá de sair de alguma forma e, já que é assim, que ela saia de forma construtiva, iluminando a história.

Por exemplo, os alunos ficam incumbidos de fazer o toque da campainha toda vez que forem solicitados para isso, ou de imitar o ronco da ratinha que está dormindo. Mas como é mesmo que ronca uma ratinha? Alguém sabe? E o que mesmo a Chapeuzinho levava em sua cestinha para a avó? Aqui, podem ser colocados outros alimentos regionais para a valorização da cultura local, ou mesmo itens de que toda criança gosta: chocolate, hambúrguer, balas, pudins e por aí vai. Só uma dúvida: quando o Lobo Mau engoliu a vovó, ele a engoliu com os óculos ou na hora os óculos caíram no chão e ela foi sem eles para a barriga do Lobo? Tudo isso, em *flashes* rápidos, bem conduzidos, para não descaracterizar tanto a história nem se afastar muito da trama central. São recursos interativos que convidam a criança a ser uma ouvinte ativa. Minto, a criança é que convida o adulto a ser um contador de histórias ativo.

No caso das interrupções, como proceder? O relatório seguinte nos apontará alguns caminhos...

14/9/1995

Ultimamente, tenho observado uma mudança no meu jeito de contar histórias. Esse contar está deixando de ter voz doutrinária – de alguém que ensina algo a quem nada sabe sobre esse algo – para adquirir um tom de informalidade, conversa. Como se eu estivesse contando um causo empolgante para amigos, mais próximo da naturalidade, permitindo-me o erro, seu conserto imediato entre os risos dos alunos e, sobretudo, permitindo-me curtir a história também.

Um exemplo da minha mudança em melhor conduzir a narração pode ser notado num episódio ocorrido hoje. A história estava no seu auge. "A bruxa da casa de doces agarrou Joãozinho e o levou para um curralzinho. Ali, o menino aflito foi trancado..." Porém, quando narrava esse trecho, eu falei mais ou menos o seguinte: "... a bruxa pegou o Joãozinho e o trancou numa...", e nesse instante fiz uma pausa, como se a próxima palavra estivesse na ponta da minha língua e não quisesse sair.

E continuei estendendo as reticências, tentando puxar a palavra dos alunos, crente de que eles falariam "gaiola", pois considero "curralzinho" uma palavra pouco usual para os alunos.

Que nada! Um dos meninos foi mais além da gaiola, mais além do curralzinho e falou "jaula do burro". Meu queixo caiu porque ele falou com tanta força, com tanta convicção, que, silenciosamente, todos torceram para que tivesse sido mesmo a tal jaula do burro.

Ou seja, o espaço onde ficaram Joãozinho e o burro perdeu o *status* de jaula, a amizade que brotou entre eles os libertou do cativeiro. No final da história, como já era de se esperar, Joãozinho não saiu da jaula montado no burro. Saíram conversando, um ao lado do outro, feito dois grandes amigos.

Agora, se eu tivesse desconsiderado a ideia do aluno, a história não teria sido enriquecida com a presença do burro e com essa amizade tão incomum travada na jaula. Isso reflete que, para ambos, o período passado na jaula, enquanto prisioneiros da velha bruxa, não foi desprovido de crescimento interior; foi o encontro do homem com a sua parte animal, irracional, a consciência de que o homem pode domar seus instintos para viver em sociedade. Não se trata de um discurso demagógico para sublimar e abafar os instintos básicos do homem, mas um alerta de que, se esses instintos forem praticados sem discernimento e limite, eles só irão prejudicar e dificultar o convívio social.

Enfim, estar aberto e entregue ao fluxo imprevisível do discurso, às *nuances* das frases, ao não manifesto, a todo e qualquer tipo de reação que os alunos possam ter nos credencia a falar em público com maior segurança.

Nada animador o que pronunciarei agora, mas tenho de fazê-lo: o abismo entre o que se pretende e o que se consegue sempre existirá. Posso apenas recomendar muito drible, improvisação e jogo de cintura para alimentar o imaginário de nossos ouvintes e, quando possível, surpreendê-los.

5
A escolha de repertório

> Se você dispusesse todos os novos livros um ao lado do outro
> à medida que fossem sendo publicados, teria de correr a 145
> quilômetros por hora apenas para acompanhar o fim da fila.
> Claro que, em 2600, as novas obras artísticas e científicas virão
> em formas eletrônicas, e não como livros e artigos físicos.
> Contudo, se o crescimento exponencial prosseguisse,
> surgiriam dez artigos por segundo no meu ramo
> da física teórica, e não haveria tempo para lê-los.
>
> Stephen Hawking[5]

Um repertório não se forma artificialmente, recebendo uma lista dos livros mais vendidos da literatura infantojuvenil, cumprindo a leitura de todos eles e diplomando-se um bom leitor. As maneiras de um livro chegar até nós são as mais corriqueiras possíveis. Retirando-o da biblioteca, comprando-o em livraria, em sebo, pedindo-o emprestado, descobrindo-o na bibliografia de outro livro de que a gente gostou demais, indo atrás de um comentário que atiçou nossa curiosidade leitora, salvando a indicação de um livro postado nas redes sociais que provocou nossa vontade de tê-lo, devorá-lo.

---

5 *In*: HAWKING, Stephen. *O universo numa casca de noz*. Tradução de Ivo Korytowski. 5. ed. São Paulo: Arx, 2002. p. 159.

Várias maneiras, em situações também as mais variadas: no trabalho, em viagens... sem falar daquele livro que a gente ganhou de presente faz um baita tempo e para o qual, só depois de longos carnavais, seremos atraídos, irresistivelmente puxados. E às vezes descobrimos chocados que, na ocasião, não lemos nem mesmo a dedicatória, ou seja, há toda uma história, ainda que ela seja pequena, até um livro chegar às nossas mãos.

E essa trajetória que o livro faz até nós ou que nós fazemos até ele define, em parte, nosso relacionamento com ele ou o relacionamento dele conosco. Se haverá entrosamento, vínculos, amor à primeira leitura, só saberemos manuseando-o, descortinando o conteúdo de suas páginas.

Não faz sentido incorporar um título ao nosso repertório só por questões mercadológicas ou porque o escritor está na mídia, porque isso, porque aquilo. Nada disso. O que importa, ou melhor, o que deveria importar, falar mais alto para o contador de histórias ao formar seu repertório (e isso ele nunca deixará de fazer) é, pura e simplesmente, o prazer e o desafio de contar determinada história, aquela vontade irrefreável de transmiti-la aos ouvintes, de querer passear pelos seus cenários e de conversar com as personagens, um desejo de intimidade, de penetrar mais e mais no conteúdo do livro.

Uma história do nosso repertório oficial não é uma história que estudamos em uma determinada ocasião e depois abandonamos num canto qualquer da memória. É aquela história que, de alguma maneira, nos toca fortemente e pede para estar, para brincar em nossos lábios. É a história que, há um bom tempo, estávamos esperando e sem a qual não entendemos como conseguimos sobreviver durante tanto tempo.

Um bom contador (e leitor) de histórias não se avalia pela quantidade de livros lidos e sim pela intensidade com que ele faz suas leituras e releituras, pelo modo como ele trata as histórias e os livros.

Um repertório leva tempo para ser formado. São livros que vão se juntando a outros, que vão se juntando a experiências vividas e que saem em busca de novos livros...

Afinal, livros alimentam-se de livros, e isso nos remete à biblioteca de Babel de Jorge Luis Borges, em que um livro nos leva a outro livro e esse faz alusão a um terceiro, que nos faz desembocar noutro livro totalmente diferente, numa cadeia interminável de ligações e referências literárias. Arrisco afirmar que aquele silêncio sinistro que paira sobre toda biblioteca tenha sua origem na cumplicidade que cada livro tem com outro e assim por diante.

Vamos imaginar uma criança de oito anos passeando livremente por entre as estantes de uma biblioteca, sem nenhum adulto por perto. Claro que essa criança manterá distância das enciclopédias e dos volumosos dicionários. Por outro lado, ela se sentirá atraída para a sessão infantil, onde imperam os livros coloridos, de diversos formatos e tamanhos. E, obviamente, ela retirará uma porção deles do lugar, fazendo uma rápida avaliação do que serve ou não para si, até, de repente, ser abduzida por um livro. Daí, ela deixa o planeta Terra e vai para o mundo que o escritor criou naquele livro.

> Uma abdução literária é quase imperceptível. Nós nos esquecemos de tudo, nos desligamos da realidade e nos deixamos levar para um mundo paralelo, um mundo que, a partir de então, passa a existir dentro de nós. Não são todos os livros que conseguem essa proeza conosco, mas, quando isso acontece, passamos a amar determinado livro, determinado escritor. E então a gente sabe que não conseguirá mais viver sem aquele livro, do qual a gente precisa ter um exemplar para nos lembrar da experiência única que vivemos quando o lemos pela primeira vez.

Convém lembrar que os jovens e os adultos também são abduzidos por livros. E o maravilhamento literário que vivenciam pode ser ainda mais envolvente e transformador do que o vivido pela criança. A propósito, as releituras de livros que nos conquistaram são inevitáveis.

Vocês já observaram uma criança folheando um livro? Primeiro, ela curte as ilustrações, faz uma leitura inconsciente do projeto gráfico, do diálogo que as ilustrações travam com a parte textual e do diálogo que a parte textual trava com as ilustrações. Em seguida, vem a leitura do texto, o passeio dos olhos pelas letras, pelo encadeamento das frases, o passeio dos olhos outra vez pelas ilustrações para conferir se o ilustrador realmente colocou no galinheiro os nove ovos que o escritor discriminou, tal e qual, com todas as letras, no livro. E a criança avança páginas, volta páginas, como se estivesse explorando um parque de diversões. Ela decide em qual brinquedo quer brincar, se quer repetir a façanha no mesmo brinquedo, ou seja, ela tem o poder de decidir por si mesma como quer conduzir o curso da sua leitura. Uma liberdade, inclusive, que deve ser encorajada e incentivada pelos adultos.

A Celinha e o Chico vieram almoçar em minha casa e trouxeram a neta Valentina, uma menina esperta de quatro anos. Ela sabia que eu era escritor pelo fato de a mãe, Milena, ser professora e ter-lhe contado. Ou seja, a Valentina chegou e já anunciou que queria conhecer o lugar da casa onde o escritor construía os livros. Fiquei me perguntando como ela imaginou esse lugar? Uma fábrica com maquinário, ferramentas, estoque de palavras e gavetas cheias de pontuação? Pelo olhar de assombro, pude perceber que a Valentina gostou da minha oficina da palavra, é assim que gosto de chamar meu templo de trabalho, e é claro que dei a ela alguns livros, mas a Valentina foi clara e disse quais dentre aqueles livros iria querer e quais não. Achei ótimo ela selecionar o que de fato levaria. Expliquei-lhe que não havia nenhum problema e os que ela não fosse levar seriam doados para outra criança. Como se não bastasse, para minha esperta visitante, era um tal de Heitor quem escrevia meus livros. Detalhe: esse Heitor nem morava assim tão longe da minha casa. Dá pra acreditar?

E o que faz uma criança escolher determinado livro? O título? Até pode ser, mas duvido que ela busque nas biografias de autor e ilustrador a formação acadêmica de ambos ou recorra à ficha técnica para verificar número de edição, tradução, nome da editora, do editor. Obviamente que ela não tomará a decisão de ler ou não um livro em função desses dados. Porém, à medida que for apurando o gosto pela leitura, começará a surgir uma série de preferências. De gêneros, de coleção, de querer conhecer todos os livros que um escritor produziu e, com tudo isso em ebulição, vem uma maturidade, uma autonomia e uma alegria indizível de circular por entre as estantes e fazer comparações, ligações, vibrar com um lançamento, sinal de que um repertório está sendo formado.

Para formar um bom repertório, o contador de histórias não precisa sair feito um louco para conhecer tudo de Lobato, Ana Maria Machado, Ruth Rocha, Câmara Cascudo, Irmãos Grimm, La Fontaine, Andersen, Perrault. Só teremos a crescer com eles, claro; mas o que está em jogo é um relacionamento saudável e verdadeiro com a literatura infantojuvenil, é o tempo que cada leitor precisa para processar e saborear suas leituras.

E, depois, o que adianta o professor ler dez livros durante as férias e durante o ano letivo não abrir sequer um único livro por livre e espontânea vontade? Talvez fosse melhor que a leitura desses dez livros acontecesse durante todo o ano, dando tempo ao tempo, espaço entre um livro e outro, e tempo para aplicar as ideias adquiridas, para releituras, para fazer anotações, para desenvolver novas atividades.

Corredores inexperientes que se inscrevem na maratona da São Silvestre, em São Paulo, dão uma arrancada no início da prova, alcançam corredores renomados, mas, até antes da metade do percurso, são obrigados a abandonar a prova completamente sem fôlego. E qual o motivo? Má administração da própria resistência.

Precisamos encontrar nosso ritmo de leitura, frequentar livrarias, bibliotecas, palestras, cursos, conhecer e guardar os catálogos das editoras, buscar outros escritores, reler os livros que amamos, separar e copiar trechos importantes, fazer fichas de consulta, anotações, enfim, nos organizarmos para ampliar nosso repertório e atingir objetivos cada vez maiores.

Eis os dois itens principais que devem ser ponderados na escolha de repertório:

1. A diversidade de material para contar (contos maravilhosos, fábulas, lendas, mitos, ficção, poesia, adivinhas, livros de imagens...).
2. A adequação desse material para cada faixa etária (Educação Infantil, Fundamental 1, Fundamental 2, Ensino Médio, Ensino Superior, público composto de várias faixas etárias).

Servir uma salada russa de gêneros! Contar uma fábula de Fedro, declamar uma poesia de José Paulo Paes e, depois de declamar, pedir licença aos alunos para atender a uma ligação imaginária do Negrinho do Pastoreio.

Diversificar pontos de vista, temas, gêneros, estilos, autores, ilustradores e projetos gráficos. Tudo isso para nossos ouvintes vivenciarem experiências literárias cada vez mais marcantes e inebriantes.

Convém que o contador aproveite sua bagagem leitora para ampliar sua identidade narrativa e embelezar as histórias de seu repertório. Transitar pelos gêneros proporcionará dinamismo e empolgação para a hora do conto, além de ser um recurso eficiente para prender a atenção dos alunos por um tempo maior. E, vamos e venhamos, um contador de histórias de excelência se reconhece não somente pela sua habilidade de narrar como também pela sua bagagem leitora.

6

As formas de apresentar uma história

— Filha, não sonhe. Você sabe que não é da nossa espécie nascer com o dom para cantar. Você pode ser famosa em qualquer outra profissão.

Nessa? Não dá – sua gralha mãe lembrou.

Mas a gralha vó foi firme:

— Neta, sonhe. Cada um de nós pode ser o que bem desejar.

A avó deu as asas à neta e foi com ela fazer a inscrição...

Ana Carolina Lemos[6]

Todo mundo já passou pela situação de apresentar um novo amigo para familiares e velhos amigos. E também já percebeu que, dependendo do jeito de a pessoa ser, se mais ou menos formal, vamos apresentá-la formalmente, como manda o figurino, ou informalmente, com descontração.

Acontece o mesmo com histórias. Por exemplo, antes de contar uma história de terror, procurarei gerar nos ouvintes aquele medinho delicioso, instaurar um clima de mistério e na hora H, na hora de começar, desistir de contar, dizendo que eles não estão preparados para ouvir histórias de terror, ou melhor, que eles são desprovidos de todo e

---

6 *In*: LEMOS, Ana Carolina. *A fabulosa gralha gralhosa*. Ilustrações de Juliana Basile. São Paulo: Ciranda Cultural, 2020. p. 9-10.

qualquer preparo psíquico-emocional para lidar com conteúdos aterrorizantes. E mais! Que o melhor a fazer é deixar para a semana seguinte. Não! Para o bimestre seguinte! Não!!! Para o ano seguinte, quando eles estiverem maiores e mais maduros para processar a complexidade de tramas bem enredadas e espantosamente intrigantes. E é necessário que o contador seja convincente ao expor as razões que o levaram a desistir de contar aquela história naquele momento, que ele se valha de um discurso elaborado, firme e deliciosamente infundado.

Os alunos ficam indignados, inconformados, e, desafiados na coragem, aumenta a vontade de querer ouvir a história. Dizem que já assistiram a filmes de terror muito piores do que as histórias que eu costumo contar. Gabam-se da própria valentia. E o início da história que ainda não aconteceu vira uma balbúrdia memorável. E uma balbúrdia fácil de gerenciar porque, tão logo o contador de história esboçar um movimento mínimo, quase imperceptível, de pedido de silêncio, eles se calarão. E ai do colega que der um pio e continuar conversando; será repreendido pelos demais porque agora, mais do que nunca, todos precisam ouvir a história até o final, como ponto de honra. E devotarão uma atenção rara de se conseguir do público. Tudo isso não passa de um jogo cênico que, para o contador, às vezes é tão prazeroso quanto a narração da própria história.

Dar a história de bandeja, de mão beijada, sem antes tentar instaurar, despertar no público o desejo de querer ouvi-la? Jamais! O momento da narração tem profundidade psicológica. Os rituais de apresentação de uma história não são tão simples e óbvios como aparentam. Ao contrário, são multifacetados, precisam ser decifrados. Como contar histórias sem fazer média, sem antes executar um ritual de suspense, de silêncio, de reflexão, impacientando ainda mais os ouvintes? Sei que se trata de maldade, mas uma maldade à toa, até saudável no contexto da história.

Essas brincadeiras, quando se tornam frequentes, passam a ser as marcas distintas de cada contador. Quem já me ouviu contando histórias sabe o quanto eu gosto de enrolar e, por alguns instantes, sonegar o que mais se espera ouvir, tudo isso para deixar o ouvinte ansioso e desejoso para que eu pare de me deter em informações secundárias, completamente fúteis e desnecessárias, e vá direto à ação, ao que interessa.

> E uma plateia enervada, arrancando os cabelos, representa a conquista definitiva da atenção até dos ouvintes mais desatentos. Isso se chama brincar com as palavras, com o instante narrativo, sentir um prazer arrebatador ao contar e apresentar uma história.

E esse contar não se limita entre o início da narração e o término, porque a história já começou a partir do momento em que o contador circula pelo ambiente, por entre os ouvintes, ou quando, supostamente distraído, está arrumando seu material de trabalho. Gestos mínimos são capturados pela plateia. Um simples soslaio travesso ou uma ação enigmática com o contador constatando para si que ninguém o viu esconder algo embaixo da toalha, atrás da mala, dentro do baú. É comum, nesses casos, um ou outro aluno gritar:

– Eu vi! Não adianta esconder!

Evasivo, respondo:

– Viu o quê? Eu não escondi nada...

Faz parte do jogo da sedução: instaurar e desdobrar o mistério, deixar vestígios corporais, palavras soltas que serão entendidas dali a alguns minutos, tudo será encaixado a partir da metade da história ou mesmo no desfecho.

Andei usando uns guarda-chuvas lúdicos. Do primeiro, assim que era aberto, caiam cédulas amarradas a fios nas pontas das hastes. Dizia que era o guarda-chuva da prosperidade. Causava furor. O segundo era cheio de corações bordados: o guarda-chuva do amor verdadeiro. O terceiro era todo colorido: o guarda-chuva da alegria exuberante. Não haveria graça se fosse apenas o guarda-chuva da alegria. Precisei adicionar um adjetivo ao substantivo abstrato e ficou alegria exuberante. É muito mais do que uma alegria mirradinha. É uma alegria exuberante. E que graça tem um guarda-chuva do amor? Agora, quando se trata do guarda-chuva do amor verdadeiro, a história é outra, há aí um valor agregado. Não é um amorzinho de estação. Que nada! Estamos falando do amor verdadeiro. Em suma, uma única palavra muda tudo, potencializa a história e traz uma cor desigual para o enredo. Mas outros guarda-chuvas virão: da ousadia, da saúde. Quando chegarem, escolherei um adjetivo de efeito para eles. Agora, mais do que abrir um guarda-chuva lúdico, esse é um pretexto inusitado que tenho para me aproximar de crianças, jovens e adultos que não conheço e, desse modo, criar elos poéticos entre nós.

Trouxe de Atenas uma corneta que comprei numa loja onde havia milhares de objetos usados, a maioria deles exposta na calçada. Batizei a corneta e fiz questão de dar-lhe um nome exótico, já que o som era surpreendente, causador de muitos sustos. Pois então, ela se chama: Zina Grecantônia Sas Efcharistó de Atenas. Zina, de buzina. Grecantônia, uma junção de Grécia e Antônia, uma amiga querida com quem meus pais e eu fomos para a Grécia. Ela quis me dar a corneta. Sas Efcharistó significa 'obrigado' em grego. De Atenas, cidade onde a corneta foi garimpada.

Quantos sustos dei com a minha charmosa corneta! Costumava apresentá-la, dizer seu nome completo e lamentar que era uma pena ter comprado uma corneta que, ao ser apertada, não emitia som algum. E fazia cara de paisagem... Com tantas cornetas na gôndola da loja, fui pegar justamente uma que não produzia nenhum som. Era mesmo azar demais, aliás, o cúmulo do azar. Incomodados com meu desapontamento, havia sempre um aluno que não aguentava e me pedia para apertar mais uma vez, fazer outra tentativa. Eu, obviamente, opunha resistência:

– Por que razão apertaria uma corneta que não funciona?

Fazia todo um teatro. Abandonava a corneta na mesa e fingia pular para o assunto seguinte. Os alunos não se conformavam e não admitiam minha atitude de desprezo para com a corneta. Pediam-me que, por favor, por misericórdia, eu tentasse outra vez. Daí, expressando impaciência e má vontade, pegava a Zina e apertava o dispositivo de borracha no globo do microfone. O susto era inevitável, pegava todos desprevenidos, porque o som agudo de minha corneta enchia o ambiente. E eu expressava a minha satisfação por ela ter resolvido funcionar.

Brincar! Redimensionar a brincadeira! Isso! Não só preparar as histórias, mas também preparar o que as antecede e o que as precede. Ao organizarmos uma apresentação, todos os detalhes são relevantes, do instante em que entramos na escola até o instante em que nos despedimos do porteiro.

Por muito tempo, uma orquestra invisível me acompanhou. Enquanto eu contava histórias, os músicos invisíveis tocavam, faziam um fundo agradável nas cenas corriqueiras ou um estardalhaço incrível no clímax. Houve uma vez em que as mulheres que tocavam instrumentos de corda foram de cabelos presos e os homens que tocavam instrumentos de sopro passaram gel. Não haviam combinado nada antes. Aconteceu. E nessas vezes em que essa orquestra invisível me acompanhou, agradeci sua presença. Na plateia, os ouvintes se mostravam incrédulos, desconfiados ou mesmo fascinados. Devia pairar uma pergunta no ar. Será mesmo que esses músicos estão aí tocando enquanto o Jonas conta histórias? Tal brincadeira também pode acionar um dispositivo interno, e o ouvinte passa a ouvir uma música distante, bem ao longe. Como garantir o encantamento? Como cativar e conquistar os ouvintes? Como fazer para uma história tornar-se uma árvore ou uma rocha no imaginário dos ouvintes? Sem dúvida alguma, para o contador, é satisfatório demais quando uma história se transforma num elemento imprescindível na subjetividade dos ouvintes.

Lembro-me com saudade da época em que contava histórias com suspensório, boina, um girassol estapafúrdio cheio de lantejoulas que alfinetava no bolso da camisa e um relógio de bolso que não funcionava. Devia ser atemporal. Só bem depois me dei conta de que, inconscientemente, inspirei-me no apresentador de programa Daniel Azulay[7]. Ah, como amava o seu programa, *A Turma do Lambe-Lambe*, sem falar que o Daniel nos ensinava a desenhar, a construir brinquedos com sucata. Ele falava todos os itens de que precisaríamos para construir o brinquedo do dia; dava o intervalo e saíamos feito doidos para buscar pela casa tudo o que ele solicitava. Quando acabava o intervalo e começava o outro bloco do programa, nós já estávamos diante da televisão, com todos os itens coletados às pressas e devidamente organizados.

---

7 Daniel Azulay (1947-2020) foi um escritor, educador, desenhista e artista plástico que encantou e incentivou uma geração inteira de crianças para a leitura do livro infantil. Em 1975, criou o programa *A Turma do Lambe-Lambe*, que ficou no ar durante quinze anos nas redes de televisão Bandeirantes e Educativa. Na primeira metade dos anos 2000, apresentou *A Turma do Lambe-Lambe*, na TV Rá-Tim-Bum, da TV Cultura, e *Azuela do Azulay*, no Canal Futura. Ele foi pioneiro ao ensinar, ainda nos anos 1980, o público a confeccionar brinquedos de sucata e a desenhar usando a imaginação por meio de jogos de raciocínio.

Pois, então, quando eu usava o traje descrito anteriormente, informava aos alunos que, ultimamente, andava com um sintoma estranhíssimo de sumiço repentino da voz. Era só eu esbarrar sem querer uma das mãos na aba do chapéu e ele virar de lado para minha voz sumir completamente. Aí, pedia aos alunos que, se isso acontecesse, fizessem a gentileza de me avisar. Eu ajeitaria o chapéu e a voz voltaria, simples assim. Sei que essa boina deu o que falar. Aliás, tive boinas de diversas cores para combinar com várias calças e camisas. Na verdade, criei esse sintoma imaginário de perder a voz porque, quando a conversa fugia do meu controle diante de uma plateia numerosa, era só esbarrar a mão na boina para os alunos me alertarem:

– O chapéu!!! O chapéu!!! O chapéu!!!

Tão logo ajeitava a boina, o tal chapéu, já estavam todos novamente em silêncio para aguardar a continuidade da história. No fundo, penso que eles queriam conferir se a minha voz voltaria mesmo. Também cheguei a ter uma cartola com um furo no meio, e, nesse furo, estava encaixado um pergaminho. Antes de contar histórias, abria o pergaminho e dizia aos alunos que ali estava registrada toda a minha memória, nem adiantava eles desejarem ler porque esses registros estavam gravados em letras microscópicas, praticamente invisíveis. No cofre da minha casa, porém, eu guardava uma lupa especial, própria para ler aquele tamanho de letra. Portanto, se durante a história eu retirasse a cartola da cabeça, esqueceria a história. Se, eventualmente, eu me distraísse e retirasse a cartola, pedia a eles que fizessem o favor de me avisar imediatamente. Essa foi uma segunda versão da brincadeira com chapéu (boina) para recuperar o silêncio, para tornar o momento mais cativante.

Nunca podemos nos esquecer de que a Arte se faz não só com matéria-prima e habilidades específicas, mas com sutilezas, e são essas sutilezas que nos levam a eleger e gostar mais de um contador, uma escritora, um bailarino, uma ilustradora, um músico, uma ceramista. Aquele artista de que gostamos mais não investiu o dobro de tempo e esforço para atingir determinado resultado. Não... Não é assim que a Arte funciona. O que ilumina um objeto de arte (uma história contada, uma história impressa, uma dança, uma ilustração, uma interpretação musical, uma tela, uma cerâmica) é justamente a sutileza, o sopro, o intangível, o arranjo, o toque, aquilo que reconhecemos como o algo a mais que o artista imprimiu em seu ofício.

Realmente, um artista se destaca quando tem uma relação profunda, intimista e verdadeira com seu ofício, quando ele vai além da média, além da excelência, e encontra sua autenticidade, sua identidade artística. Não faz sentido eu não pesquisar novas formas de apresentar uma história nem exigir esforço algum de mim e apenas fazer o que deve ser feito, o que os outros esperam que eu faça. Ninguém vai notar, muito menos reclamar, até porque fiz o que deveria ser feito, mas, por outro lado, ninguém abrirá um sorriso inteiro sem perceber que sorri, ninguém abrirá um espaço dentro de si para guardar aquele momento, aquela experiência. Na Arte, quando atingimos um resultado mediano, não há uma contribuição efetiva do artista. Ele apenas fez mais um trabalho para justificar o salário, o cachê e ponto-final. E o que o imaginário de um ouvinte mais deseja não são os pontos-finais, são as reticências...

Instigando a curiosidade dos ouvintes

Quando apresentamos um amigo, dizemos seu nome. Em princípio, essa é a regra, mas, quando se trata de histórias, nem sempre podemos revelar como ela se chama. Deixamos a citação do nome para o final, quando também posso mostrar o livro e mencionar o nome do escritor, do ilustrador e a casa editorial que o publicou. Tive a alegria de publicar um reconto livre baseado no conto cigano *A princesa vampira* (2017). É uma história deliciosa de ler e contar. Agora, se um educador for ler esse livro para sua turma e disser o título antes mesmo de conquistar o interesse dos ouvintes, sem perceber, ele passou por cima do suspense inicial que o enredo guardava. O educador pode, sim, falar que vai contar a história de uma princesa bastante esquisita, tudo bem, ele omitiu o que deveria mesmo ser omitido e aumentou nos ouvintes a vontade de saber de que tipo é a esquisitice da princesa.

Este capítulo foi aberto com uma epígrafe da escritora e contadora de histórias pernambucana Ana Carolina Lemos. Essa epígrafe, extraída do livro *A fabulosa Gralha Gralhosa* (2020), nos leva a uma ave de canto rouco, dissonante. Tanto é que, quando queremos dizer que alguém é desafinado, não titubeamos em usar a figura da gralha para acentuar a desafinação. Um recurso fantástico para o educador ou contador que quiser apresentar aos seus ouvintes essa fabulosa história é convidá-los a escutar o canto da gralha. Em seguida, questionar se alguém acha que a Gralha Gralhosa tem condições de ingressar num coral de aves afinadas. A maioria das crianças pode até dizer que Gralhosa não tem chances de cantar num coral, mas algumas desejarão que a protagonista seja resiliente, persistente e consiga superar o peso dos julgamentos precipitados que fizeram de sua vocação para cantar. A identificação com a Gralhosa ocorrerá porque algumas dessas crianças são igualmente diferentes e, da mesma forma que a sociedade cobra um preço por toda e qualquer diferença, também é maravilhoso ser e viver fora do padrão. A vitória da Gralhosa provará a essas crianças diferentes que elas também são inteiras, bonitas, lindamente singulares e capazes de aceitar prazerosa e amorosamente suas características peculiares, o que as tornará felizes, muito felizes.

O contador de histórias pode sempre deixar um trecho importante da história para ser contado depois, um recurso bastante utilizado na novela, em que as cenas importantes dificilmente são fechadas no mesmo capítulo. No livro também. O final de um capítulo antecipa uma informação que só será revelada e desdobrada no capítulo seguinte.

Vale esticar a curiosidade ao máximo, até não dar mais, até o aluno rolar de tanta, tanta curiosidade, até o aluno suplicar, torcer, retorcer-se, vibrar, esquecer-se de tudo e mergulhar no espírito da história. Lábia, traquejo, brejeirice, sedução, cores, sons, graça.

Já em outros momentos, o contador tem de revelar a quintessência da alma das personagens, tem de ser descritivo, minucioso, lento, suave; ele não precisa esconder nada, ele estende um tapete vermelho para o ouvinte passar e, ainda por cima, entrega, por meio dos acontecimentos, um suposto final.

E, melhor do que isso, ele surpreende o ouvinte com o mesmo final que os acontecimentos construíram, só que surpreende pela riqueza de detalhes, pelo movimento das palavras, pela modulação da voz, pelo envolvimento com a história. De certa forma, o ouvinte se sente acariciado por não ter sido traído, surpreendido, com um final diferente. Aliás, nem sempre o inesperado é o caminho mais acertado. Deparar-se com um final esperado pode ser maravilhosamente confortante para os ouvintes. Entre uma musse de abacaxi com raspas de limão-siciliano e uma fatia de goiabada com queijo, você ficaria com qual? Com uma sobremesa requintada ou com o tradicional Romeu e Julieta?

Sabe, Shakespeare, nem sempre a melhor contação de história é a que traz inovação; às vezes, a maneira tradicional pode ser tudo aquilo com que o ouvinte sonhava.

Ouvintes de Educação Infantil e de 1º Ano

Abro agora um espaço para falar da diferença de contar histórias para crianças de Educação Infantil e de 1º Ano.

Não foi uma, nem duas, nem cinco vezes que coordenadoras de Educação Infantil ligaram para mim, querendo agendar um dia de história, e perguntaram se eu trabalhava pintado ou sem maquiagem. E, estando na escola, ouvia a mesma justificativa do porquê da pergunta. Algumas contaram que uma vez um palhaço esteve na escola e assustou um monte de crianças. Foi um fuzuê, um efeito dominó de lágrimas. Ué, espere um pouco, há alguma coisa errada. Se palhaço representa alegria, por que provoca medo? Confesso que, no começo, também já provoquei muito choro, mas hoje entendo o motivo dessa reação adversa por parte das crianças de Educação Infantil.

Analisemos. O palhaço, por excelência, tem um jeito espalhafatoso de andar, abrir os braços, caminhar, além de sua roupa trazer uma exuberância de cores. Isso acaba assustando algumas crianças porque, primeiro, os palhaços são visitantes na escola, as crianças ficam entre o medo e o fascínio de conhecê-lo. Segundo, os gestos largos dos braços do palhaço engolem o espaço da escola, e a criança se sente menor ainda na sua presença. Terceiro, leva tempo para a criança pequena acostumar-se com os visitantes, isso quer dizer que não convém adentrar o território da Educação Infantil apertando uma buzina e dando piruetas.

– Quer dizer que palhaços não combinam com Educação Infantil?

E como combinam, mas quero sugerir a essa classe linda de artistas que faça uma entrada mais contida no território da Educação Infantil e, à medida que a criança for rindo, for se soltando, relaxando a musculatura, vá alargando os gestos e aumentando o volume da sua folia. Ele terá de conquistar a confiança das crianças. Há palhaços que, para desmitificar esse medo, fazem a maquiagem na frente das crianças.

Como contador de histórias, também sigo os mesmos passos numa escola de Educação Infantil. As professoras estão ajeitando as crianças, e eu, cantando baixinho, para os meus botões, fico arrumando meus baús. Estabeleço um território, um pouco afastado das crianças, e, quando está na hora de começar, apresento-me e falo que vou contar uma história, na maior naturalidade.

Começo mansamente, contando, contando, e, ainda sentado, continuo contando. Mais empolgado, dobro os joelhos, começo a movimentar o tronco um pouco mais rápido, aumento a voz, diminuo imediatamente, lanço uma onomatopeia que enche todo o ambiente. Tchibuuummm, pararipapuuummmm. Algumas crianças riem, passa a tensão inicial, relaxo mais e adquiro a velocidade natural da fala e dos gestos; mais crianças riem.

Sinto que elas já estão mais à vontade, mais familiarizadas com minha presença, e que já posso aumentar meu território. Daí a pouco sinto a conquista de mais confiança, já posso me levantar e circular entre elas. Enfim, recursos gradativos como esses diminuem a choradeira.

Entretanto, com crianças do Fundamental 1, podemos nos apresentar como somos realmente, sem subterfúgios, com a rapidez natural de nossa fala e gestos, com nossa segurança mesmo. Agimos normalmente, como se fôssemos falar para um público adulto.

Se alguém me perguntar quais são os temperos que mais uso para contar histórias para os dois segmentos, responderei o seguinte:

Para a Educação Infantil: ternura, clareza, humor brando.

Para o Fundamental 1: velocidade, envolvimento, alegria.

Como os contadores são diferentes, preparam pratos diferentes com os temperos que mais apreciam. Sorte dos ouvintes! Podem contar com um generoso cardápio que certamente agradará a gregos e troianos.

Ambiente e número de ouvintes

Quando a história está plena dentro do contador, o ambiente e o número de ouvintes passam a ser fatores secundários. Ele irá se adequar à realidade de cada contexto, cada público.

Seria maravilhoso se encontrássemos sempre as condições ideais: um teatro primoroso, um microfone formidável e uma plateia educada, receptiva. Diversas vezes nós nos depararemos com situações semelhantes, mas isso tudo não acontece frequentemente, trata-se de uma exceção.

Há contadores que preferem públicos menores. Dispensam o microfone e criam um clima intimista. Falam sem elevar a voz. Pelo fato de contar para um grupo reduzido, podem optar por um ambiente aberto ou fechado. Por outro lado, isso não significa que um contador mais intimista não tenha um excelente desempenho diante de uma plateia numerosa. Um grupo grande pode estar justamente precisando de suavidade, intimidade. E quem nos garante que um contador ágil e divertido se sairia melhor?

Condições ideais não são garantia de sucesso da atividade. Com pouco, posso fazer muito. Com muito, posso conseguir bem pouco.

Aliás, o que pode favorecer o contador de histórias em situações desfavoráveis, adversas?

- Chegar à apresentação com uma proposta clara, com as histórias saindo pelos poros.

- Aceitar com gratidão e alegria as condições que as escolas podem oferecer naquele momento.
- Flexibilidade e capacidade de improviso (para encurtar, espichar ou reinventar as histórias).
- Cumprimentar a plateia, fazer os devidos agradecimentos.
- Lembrar-se de que nem todos são obrigados a gostar de nossa atuação.
- Humor para contornar contratempos.
- Evitar confrontar a plateia ou discutir com alguns ouvintes.
- Ter nas mangas poesias memorizadas para declamar e histórias minúsculas e surpreendentes para contar.

Na primeira edição deste livro, forneço o número de ouvintes que considero adequado por apresentação. Já se passaram mais de vinte anos de quando a lancei. Não deixei de contar histórias e, de lá para cá, adquiri mais segurança e incorporei novos olhares, razão por que hoje considero indevido fornecer tais números. Vamos supor que eu faça duas apresentações no mesmo dia, na mesma escola. A primeira apresentação para duzentos ouvintes e a segunda para vinte ouvintes. Pode ser que eu tenha encantado muito mais ouvintes na segunda apresentação do que na primeira, em que havia um número maior de ouvintes. E pode ser que, com as minhas histórias, encantei os duzentos ouvintes da primeira apresentação e não consegui envolver nenhum dos vinte ouvintes da segunda.

Baseado nessas possibilidades plausíveis, por que motivo forneceria números para o contador?

Por outro lado, para quem está iniciando na arte de contar histórias, pode-se começar contando uma história para algum amigo ou familiar e, à medida que for adquirindo confiança e experiência, aumentar gradativamente o número de ouvintes.

7
Baús de histórias

> Depois que achou o nome para seu boneco, Gepeto começou
> a trabalhar com muita disposição e lhe fez logo os cabelos,
> depois a testa, depois os olhos.
> Feitos os olhos, imaginem só a surpresa quando percebeu
> que os olhos se mexiam e o olhavam fixamente.
>
> Carlo Collodi[8]

Um adulto lê em voz alta, e uma criança escuta, imagina. Trata-se de uma mediação de leitura. O adulto em questão não está preocupado com entonação, movimentos corporais. Ele lê com dicção clara. Não tropeça em palavras, sua leitura está embalada. É uma contação de histórias? Podemos dizer que sim. O adulto está contando uma história, está no papel de mediador. Também pode acontecer uma inversão de papéis. Uma criança lê para um adulto. Nem a criança e muito menos o adulto se lembram de suas idades. Eles sentem bem-estar. Sobretudo, porque a história construiu uma ponte entre eles. Pode ser que um adulto só conseguirá comunicar algo para uma criança por meio de uma história. O mesmo ocorre quando a criança faz questão de

---

8 *In*: COLLODI, Carlos. *As aventuras de Pinóquio*. Organizado por Giorgio de Rienzo. Tradução de Liliana e Michele Iacocca. Ilustrações de Nino e Silvio Gregori. São Paulo: Paulinas, 1992. p. 15.

que um de seus pais ou algum membro da família conheça determinada história. Será que essa criança não está querendo dizer para o adulto justamente o que o livro disse para ela?

Às vezes me questiono: por que razão gosto tanto de baús? Tenho várias respostas para essa questão. Uma delas: porque um baú e um livro se parecem, nunca sabemos o que está guardado dentro de ambos; geralmente, um conteúdo surpreendente. Poderia contar histórias só com um livro na mão e sem baú, não é mesmo? Ah, a história contada apenas com a voz... Sem nenhum aparato. O contador e a voz. Tão somente os dois. A simples narrativa. É mesmo um desafio monstruoso abrir mão de livro, gravuras, objetos, fantoches e marionetes no instante da narração e depender unicamente de si, da voz, da habilidade em reavivar palavras gastas pelo uso diário. A simples narrativa é sem dúvida a maneira mais tradicional e antiga de contar histórias. Tiro o chapéu para esses contadores despojados, inteiros, que são verdadeiros gigantes na arte de narrar.

Já contei histórias de várias maneiras, mas a que me deixa mais à vontade é quando uso fantoches, marionetes, lenços e baús. Sinto até uma certa estranheza só de pensar em chegar às escolas sem os baús. Parece que ficarei com a impressão de que esqueci algo importante em casa, de que cheguei à escola sem uma das minhas metades. E cá entre nós, o que faz a metade de um contador de histórias? Conta metade das histórias e obtém metade da satisfação dos ouvintes? É isso mesmo?

Houve um tempo em que, todo final de ano, eu dizia que no ano seguinte não contaria mais histórias com os baús. Todo aquele drama não dava em nada porque, no ano seguinte, lá estava eu novamente com baús novos. Deixei de falar isso não só porque deixaram de acreditar em mim, mas porque nem eu mesmo acredito que me sentirei bem em trabalhar sem eles. Desconfio até de que, se chegar a algumas escolas e disser que não levei os baús, não me deixarão entrar nem esconderão a decepção. Mas por que será que estou escrevendo tudo isso? Para me justificar? É um conflito tão injustificável esse aí, pois, se os baús me trazem um bem-estar absurdo e espalham alegria, por que sinto essa ânsia em abandoná-los? Quem sabe seja uma vontade de viajar mais leve? Apenas viajar com uma mala de mão que, no avião, poderia tranquilamente ser acomodada acima da poltrona. Ainda bem que o tempo me ensinou que, em uma bagagem volumosa, posso levar leveza e esperança. Ah! Que drama bobo! Por que tanto conflito? Será que é difícil acostumar-se à felicidade? Será que dentro de nós existe uma informação descabida de que trabalho de verdade tem de ser penoso, arrastado, sofrido? Seria tão fácil se aprendêssemos a realizar um trabalho aprazível, amoroso e gratificante sem que precisássemos nos justificar para os outros. Seria tão simples se desejássemos que toda pessoa exercesse a profissão que sempre quis exercer. Estou escrevendo tudo isso para notificar a minha memória de que posso e mereço ser feliz em meu trabalho com os livros, com os baús de histórias.

Depois de mais de trinta anos contando histórias com os baús, aprendi a gostar de viajar com eles. Aqui e ali, ouço os mais diversos comentários endereçados a eles. Não vou esconder: gosto do que ouço. Inclusive, é comum as pessoas acariciarem os baús, principalmente quando eles estão nas esteiras do desembarque, girando com as demais bagagens, e ninguém sabe a quem pertencem as coloridas caixas. Passam a mão para sentir a maciez do tecido, o *patchwork*.

Uma vez, no Aeroporto de Congonhas, em São Paulo, a funcionária da viação aérea realizava os procedimentos do meu embarque e colou um adesivo de frágil em cima do baú, na capa, onde havia um coração de tecido. Não resisti, olhei bem para os olhos dela e falei:

– Desse jeito, você deixa meu coração vulnerável.

Ao ouvir aquela palavra tão inabitual, ela parou o que fazia e observou:

– Que bonito! Um homem falando essa palavra. Vulnerável...

Ela, certamente, devia saber que todos nós, homens e mulheres, somos e ficamos vulneráveis e frágeis. Tudo bem, não temos o hábito de colar etiquetas em nossas testas, mas a vulnerabilidade e a fragilidade estão lá, por dentro e parcialmente visíveis. Que engraçado... Será que agora existem palavras que só os homens podem falar e palavras que só as mulheres podem falar? Será que escritoras só poderão escrever para leitoras e escritores só poderão escrever para leitores? Será que ela se deu conta do que falou? Faria sentido se eu revelasse a ela que era escritor e tinha o hábito de usar todas as palavras, sem me importar com gêneros? Ela ficaria desorientada se eu lhe segredasse que, além de livros fortes e robustos, escrevia também livros delicados e franzinos? Ou ela apenas ficou feliz quando me ouviu falar uma palavra quase em desuso? Não sei. Aliás, chamo aqui o filósofo Sócrates para ampliar a minha dúvida: "Só sei que nada sei, e o fato de saber isso, me coloca em vantagem sobre aqueles que acham que sabem alguma coisa". Obrigado, Sócrates, você é mesmo um sábio.

Outra vez, em Brasília, numa fila de passageiros no Aeroporto Presidente Juscelino Kubitschek, enquanto aguardava para despachar os baús, uma senhora de voz suave me perguntou se eram cachorros o que eu carregava naquelas caixas. Era como se a resposta estivesse na ponta da língua, esperando para sair:

– São cadelas amestradas.

Ela esboçou um ar ressabiado. Para acalmá-la, complementei:

– Mas estão alimentadas.

Vocês acreditam que ela suspirou de alívio? Um suspiro sem alarde, elegante. Uma cena de cinema que não foi gravada nem será exibida nas melhores salas das grandes metrópoles. Não, não há registro dessa cena. Acontece que toda vez que eu contar uma história, essa cena, que faz parte de meu acervo de cenas pessoais bastante significativas, surgirá e se mostrará em alguma frase que falarei, em algum episódio que evocarei. Como contador de histórias, coleciono *nuances*, observo gestos mínimos, aprecio instantes de rara beleza, instantes corriqueiros, porque, temos de admitir, a grandiosidade da Arte está na pequenez.

Material de trabalho

De repente, um bule de café se transforma em uma mãe alta; um bule de leite vira um pai baixo; um açucareiro, um avô dócil; uma manteigueira, uma avó derretida; várias xícaras, filhos e netos. Não importa o tipo de material utilizado: espanadores, sapatos, peneiras, bacias, linhas, barbantes, escovas de cabelo, lençóis, legumes, calçados. Não importa se foi gasta uma fortuna ou uma ninharia. Se reviramos nossa casa para garimpar materiais adequados e interessantes que possam nos atender ou se saímos para comprá-los. Para o público ouvinte, o valor do material, o *status* de preciosidade, está no grau da relação que o contador devota à sua parafernália de trabalho. Uma relação que se estreita quando batizamos um fantoche com nome e sobrenome, quando criamos memórias afetivas para os fantoches e as marionetes, quando brincamos por dias com eles e pegamos o jeito de manuseá-los, quando estudamos os momentos em que o material deve ser usado, quando encontramos um jeito de acomodar nosso material no baú de acordo com a ordem de utilização, quando olhamos bem para a história a fim de descobrir de que precisaremos para enriquecer a contação, quando pensamos nos artesãos que melhor produzirão o resultado que desejamos.

A escolha do material de trabalho dialoga com nossa identidade profissional e a história em si. Como queremos contá-la? Com exuberância ou simplicidade? O que devo falar enquanto retiro um fantoche do baú? Falo algo ou fico em silêncio? Ou continuo falando e deixo que a história siga vigorosa enquanto realizo a apresentação das personagens e demais surpresas ali guardadas?

Procuro acomodar os materiais no baú de um jeito tal que eu não perca tempo para retirá-los. Se perder alguns segundos para localizar algo, corro o risco de também perder a atenção de alguns ouvintes. Não nos esqueçamos de que nosso olhar, na maior parte do tempo, está voltado à plateia, aos ouvintes. Claro que olho para o meu material, mas é um olhar ágil, apenas para me certificar de qual será a próxima ação nos próximos segundos. Inclusive, deixei de usar os fantoches de luva porque levava tempo demais para ajeitar a mão no interior do boneco. Hoje em dia dou preferência aos fantoches de vara. Eu os coloco deitados de barriga para baixo. Assim, quando os pego, a frente do fantoche já está voltada à plateia.

Mesmo depois de retirar alguns fantoches e objetos do interior do baú, há aqueles que voltarei a usar no decorrer da história. Os que ainda usarei devem ficar à mão, ao alcance da vista. Já aconteceu de amontoar tanta coisa na mesa que, não me pergunte como, perdi o protagonista. Acabo perguntando aos ouvintes se eles viram onde o coloquei. Geralmente alguns sabem e apontam em que lado está. A Marilena Cabral, que apresentarei com mais calma daqui a alguns parágrafos, teve a ideia de costurar uns ganchos atrás dos fantoches a fim de pendurá-los na borda do baú, isso somente quando tiverem mais de uma aparição no decorrer da história. Além de determinado fantoche ficar visível à plateia, esse recurso evita que se perca em meio à parafernália da contação: lenços, outros fantoches e demais objetos.

A primeira vez que abro um baú novo é uma chochice. Fica muito aquém do que quero. A contação de um baú novo só fica boa mesmo depois de muitas apresentações. Nesse sentido, a história contada se parece com o vinho. Precisa da ação do tempo para ficar melhor, mais saborosa e apreciável.

> À medida que vamos contando uma história nova,
> os detalhes vão chegando, as frases começam a brotar
> com facilidade, conseguimos visualizar as cenas com mais
> clareza e, consequentemente, os ouvintes mergulham na
> história logo nas primeiras frases que ouvem.
> Daí, sem a gente perceber, chega um dia em que a história,
> de tanto ser contada, deixa de ser nova e passa
> a fazer parte do nosso repertório.

Pode acontecer também de eu ficar plenamente satisfeito com algum baú logo na primeira apresentação. E esse resultado surpreendente depende de como os ensaios transcorreram.

Ensaios e disciplina

Por falar em ensaios, agora, sim, quero apresentar a você minha especial e visceral diretora teatral:

– Pessoal, esta é a minha amiga Marilena Cabral!

Na verdade, gostaria que todas as pessoas do mundo tivessem amigos infinitos altamente cúmplices. Porque faz um bem enorme. E viajar para se encontrar com um amigo, então? Tão necessários e belos esses presentes que nos damos. Ah! Nossos ensaios acontecem em Ubatuba, no litoral norte de São Paulo. Além de ensaiarmos, abrimos a porta do consultório. Eu viro o terapeuta da Marilena e vice-versa. E aí fazemos nossas generosas consultas na praia, sentindo a areia sob os pés, apreciando o mar, a maresia e a extensa linha do horizonte. Nos primeiros anos em que ensaiamos, eu ficava incomodado em não trabalhar das oito às dezoito desde o primeiro dia. Queria chegar a Ubatuba e passar o dia todo lendo texto, discutindo apresentação, ensaiando. Ela me ensinou que assim não dá certo. O método prazeroso de minha linda diretora funciona de outro jeito... Primeiro, a Marilena me desacelera, e só lá para o terceiro dia é que os ensaios ganham consistência. E o que fazemos nesses ensaios?

1. Relemos a história diversas vezes. Ora eu leio, ora ela lê. Ou ela lê o primeiro parágrafo, eu leio o seguinte e assim por diante. Depois, invertemos.

2. O texto já está morando dentro de mim. Consigo repassar mentalmente todas as cenas. Consigo ser contador e ouvinte. Imagino um Jonas contando a história para outro Jonas que está ouvindo. E me coloco no lugar do contador e no lugar do ouvinte.

3. Hora de guardar papéis, livros ou textos impressos. Daí, conto a história para a Marilena sem o roteiro e demais anotações nas mãos. E conto várias vezes. Etapa perfeita para conquistar o domínio da história, a segurança narrativa.

4. Empatia ficcional. Nós nos colocamos no lugar das personagens para entender o que as move, como pensam, como sentem o mundo e o que realmente desejam.

5. Destrinchamos a história. Tem diálogos? Quais são as cenas mais importantes? As mais emocionantes? O que não posso esquecer de falar quando for contar? Quais são os detalhes imprescindíveis? Mesmo sendo o escritor das histórias que conto, separo um do outro, o que me leva a questionar: o que o escritor não colocou no texto e o contador consegue enxergar ali para fazer a história crescer, ficar mais bonita? Outra pergunta curiosa: se eu fosse reescrever a obra, o que acrescentaria?

6. Eu e a história já somos amigos. Passou a fase do estudo em que podia ler sentado. Agora devo me levantar e contar a história como se houvesse plateia.

7. Hora de mexer no baú. Sentir o material. Textura, volume, peso, possibilidades de manipulação.

8. Ajeitar todos os bonecos e lenços no baú. Definir a ordem. Saber arrumar de trás pra frente. Colocar e recolocar tudo no baú um montão de vezes, até memorizar a ordem. Às vezes, até os lenços coloridos têm uma ordem, uma espécie de cromoterapia intuitiva para contrastar as cores, para tudo fazer sentido.

9. Coordenação simultânea: contar a história e retirar o material do baú ao mesmo tempo, orquestrar essas duas ações distintas que se confundem.

10. Automatizar a narração da história com os bonecos. Contar a história sem pensar. Aqui, vale a pena lembrar o que todo motorista passa para tirar a carteira de habilitação. A gente pensa para mudar a marcha, olhar pelo retrovisor, engatar a ré, dar seta, manter uma distância razoável do veículo da frente, até o momento em que conseguimos automatizar todas essas ações. E então realizamos esses comandos com os pés nas costas, sem aquele pavor que sentíamos quando um ônibus ou um caminhão colava em nosso para-choque traseiro e o motorista afundava a mão em uma buzinada de furar os tímpanos e deixar qualquer motorista principiante no maior desespero, com o coração disparado e as mãos trêmulas...

11. Hora de apresentar o repertório novo a uma plateia. E como a gente protela esse momento! Tudo bem, não vai sair exatamente do jeitinho que a gente quer, mas tem de começar, ir com a cara e a coragem e apresentar. Um dia, depois de várias apresentações, nós nos damos conta de que a história está bonita, memorável e já mora no imaginário de muitos ouvintes.

Ah, Marilena, não tem preço tudo o que você fez por mim. Quanta cumplicidade, quantas refeições saborosas com conversas mais saborosas ainda, quantos baús ensaiamos juntos, quantas gargalhadas, quantas vezes empacamos numa cena que não deslanchava, não saía do jeitinho que queríamos, e, quando parávamos para jogar conversa fora, a solução surgia do nada, de um comentário tão despropositado.

Aproveitando meus relatos sobre os ensaios com a Marilena e reforçando a importância do estudo, nada como contar com a experiência da exímia pianista brasileira Eudóxia de Barros (1976, p. 82-83). Em seu livro *Técnica pianística*, apontamentos sugeridos pela prática do magistério e concertos, Eudóxia defende "um método para aprender uma nova música":

> [...]
>
> Contudo, afirmo que é mesmo necessário dissecar a música ao máximo, chegar aos 200%, para sair pelo menos 99% no momento de um concerto.
>
> b) Em qualquer aprendizagem, a disciplina é importantíssima. Veja por exemplo: Antes mesmo de dedilhar página por página, nota por nota, eu tenho por princípio contar o número de páginas da música que vou iniciar e distribuo a matéria: tantas páginas para hoje, tantas para amanhã etc., e determinando a mim mesma o dia em que tenho de terminar a peça. Assim, uma Sonata, um Concerto ou uma peça mais longa terá de estar memorizada e esboçada na parte interpretativa dentro de uma semana ou no máximo 10 dias. Depois, então, virá o acabamento: pedal, dinâmica, trabalhar individualmente cada passagem difícil, seja com repetições ou notas pontuadas, ritmos diferentes etc.
>
> [...]
>
> O pianista que fica tocando sempre o mesmo programa não pode evoluir; no mínimo 1 programa novo por ano e 1 Concerto com orquestra. É praticamente infindável o repertório pianístico. Enquanto um bom repertório para clarineta pode ser feito em 5 anos, para o piano um mínimo de 20 anos, abrangendo apenas as obras mais representativas da literatura pianística.
>
> c) Após isso, fazer uma leitura à 1ª vista; essa é também uma das facetas que caracterizam um bom músico.
>
> d) Em seguida iniciar o árduo trabalho de memorizar página por página, cada mão individualmente e depois mãos juntas repetindo umas 4 ou 5 vezes cada notinha.
>
> [...]

E agora, depois de tanto trabalho árduo, diário, você consegue imaginar a tranquilidade da Eudóxia de Barros ao deslizar seus dedos nas teclas? Toda essa segurança tem origem num estudo minucioso de todas as partes que compõem a peça musical.

O folclorista russo Vladimir I. Propp também preza pelo rigor do espírito especulativo. Em um estudo intitulado *Morfologia do conto maravilhoso*, Propp (1984, p. 31-59) estabeleceu 31 funções das personagens dos contos maravilhosos. Ele conseguiu instituir um arcabouço de todos os acontecimentos por que eles passam, desde *a saída de um dos membros da família de casa* (função nº 1) até *o herói se casa e sobe ao trono* (função nº 31). Também podemos nos valer desse arcabouço proppiano para ajeitar as funções da história que estamos estudando.

Quando alguém ouve um pianista tocando e um contador narrando com facilidade, pensa que tudo vem de um talento nato. Há talento, sim, mas há um esforço colossal para uma apresentação sair primorosa. São baús e baús de muito estudo.

Ah! Um detalhe que vale a pena ressaltar aqui. Não importa se você contará histórias apenas com a voz, lendo um livro, dobrando *origamis*, usando o mural com desenhos dos protagonistas, utilizando um baú, um avental, uma mala ou o que sua imaginação conceber. O importante é que, ao concluir a leitura ou a contação, você mostre o livro que leu ou de onde retirou a história e mencione quem a escreveu, ilustrou e o nome da editora que o publicou. Tal procedimento contribui para a formação do leitor literário e estimula o ouvinte/leitor a procurar o livro na escola, na biblioteca, na livraria e fazer sua releitura, num convívio mais demorado e estreito com a história que o fisgou desde o momento em que a ouviu.

8
A singularidade do contador de histórias

> Nunca imites ninguém. Que a tua produção
> seja como um novo fenômeno da natureza.
>
> Leonardo da Vinci[9]

Será que você adivinha que música é esta?

> Meu coração
> Não sei por quê
> Bate feliz
> Quando te vê...

Nem preciso reproduzir a música na íntegra porque tenho certeza de que sua memória não precisou vasculhar tanto para encontrar a melodia e os demais versos e que, certamente, você está agora cantando *Carinhoso*, de Pixinguinha e João de Barro. Porém, o que provavelmente você não saiba é que os pesquisadores Roberto Lapiccirella e Roberta Cunha Valente levantaram mais de 130 gravações de *Carinhoso*.

---

9   *In*: CARVALHO, Eide M. Murta (org.). *O pensamento vivo de Da Vinci*. São Paulo: Martin Claret, 1986. p. 49. (Coleção Pensamento Vivo).

Citarei algumas: Orquestra Típica Pixinguinha-Donga (1928), Orlando Silva (1937), Isaura Garcia (1937 e 1948), Pixinguinha e seu Conjunto (1941), Heriberto Muraro (1941), Dalva de Oliveira (1952), João de Barro, Jacob do Bandolim, Sílvio Caldas, Canhoto e seu Regional (1957), Ângela Maria & Cauby Peixoto, Waldir Azevedo (cavaquinho), Carlos José, Manezinho da Flauta, Baden Powell (violão), Elis Regina (1966), Pery Ribeiro, Maria Bethânia (1968), Tom Jobim (1970), Os Originais do Samba (1978), João Bosco, Elizete Cardoso, Jair Rodrigues (1983), César Camargo Mariano, Nana Caymmi, Trovadores Urbanos (1993), Grupo Vou Vivendo, e por aí vai...

Todos esses músicos gravaram o mesmo samba-choro, mas cada um conferiu um brilho só seu para *Carinhoso*. São belezas diferentes extraídas, garimpadas da mesma partitura. E cada intérprete encontrou um jeito de amoldar *Carinhoso* ao seu universo musical, à sua maneira de pensar e realizar a música.

Se vários contadores contarem a mesma história, teremos narrações totalmente diferentes, com enfoques, recursos e ritmos também diferentes. Algumas dessas narrações deixarão a desejar, outras cairão no agrado popular e há aquelas que vão repercutir em nossos ouvidos por várias décadas, de tanta alma que o contador colocou na história.

Por outro lado, o que funciona brilhantemente para um não faz nem faísca para outro. E, por melhor que alguém imite o outro, ficará sempre aquém da apresentação original. Estilos são inimitáveis e ponto.

Ser singular em uma profissão, seja ela qual for, significa encontrar, depois de ter buscado ávida e arduamente, um caminho só nosso de atuar, uma expressão que todas as outras pessoas conseguem identificar como sendo nossa. Um reconhecimento imediato.

Alguns contadores me deixaram extasiado, transmutado, nas nuvens. Quando a Cíntia Ruman narrou *Eros e Psiquê*; quando a Regina Machado contou *As três romãs*; quando ouvi o Chico dos Bonecos brincar com as palavras; quando a Adélia Oliveira espalhou versos e tocou sua alfaia chamada Rabuná, um tambor de maracatu cheio de magia; quando reverenciei o Valdeck de Garanhuns; quando escutei a Iris Borges contando Sylvia Orthof; quando a Carmen Lúcia Rodriguês de Souza e a Alessandra Giordano contavam histórias na Biblioteca Clarice Lispector; quando me encantei com a Ana Carolina Lemos estendendo seus fios coloridos de memória afetiva; quando o Warley, o Cadu, a Rosana, a Helena e o Edson me fizeram voar em Tapetes Contadores de Histórias; quando ouvi a contação vigorosa da Kiara Terra; quando assisti à apresentação da Raquel Gonçalves e da Maria Célia Madureira, foi inevitável me apaixonar por Racumim e Racutia; quando presenciei o Tino Freitas e a Ana Paula Bernardes compartilhando leituras no tapete vermelho do Roedores de Livros; quando vi o Maurício Leite abrir sua mala de livros e ler prazerosamente; quando o Rodrigo Calistro me fez ver com perfeição a velha da Gudeia; quando Alessandra Roscoe contou histórias pequeninas para vários bebês atentos. E a Nyedja Gennari espalhando histórias no Senado Federal? E o humor ágil da Ana Luísa Lacombe? A presença marcante do Ailton Guedes? O humor musical do Cristiano Gouveia? O sarau de poesias do Cláudio Thebas? O Roger Castro e sua inesquecível Dona Literata? O Adeilton Lima declamando Cora, Drummond, Vinicius, Quintana, Pessoa, Manoel de Barros? A Ivani Magalhães e a Gislaine Caitano contando e cantando histórias para bebês? A gentileza do Gabriel Cavalheiro Tonin? A felicidade da Lenice Gomes? A serenidade do Filipe Macedo (o Passarinho) contando histórias em Libras? O César Obeid repentista e cordelista? A maestria do Ilan Brenman? A força do Rafo Díaz? A habilidade do Celso Sisto? A Cláudia e o Cláudio, do Duo Flor de Cacau? A mímica do Miqueias Paz? A Irene

Tanabe e seus *origamis*? O Abraão Gouvea com seu teatro de bonecos? A música afetuosa do Danilo Benício? E a Verônica Violeta que, todo domingo, envia uma história pelo WhatsApp para sua rede de contatos?

Sem falar que, na pandemia gerada pela Covid-19, aumentaram consideravelmente as contações de histórias nas redes sociais e em *lives*. Não há como não se encantar com tantos contadores de histórias de primeira grandeza: Roberto Carlos Ramos, Ronnie Corazza, Benita Prieto, Andrea Sousa, Taicy Ávila, Hozana Costa, Rose Costa, Regina Drummond, Danilo Furlan, Rúbia Mesquita, João Carlos Soares, Fê Liz, Giba Pedrosa, Simone Carneiro, Miriam Rocha, Aldanei Menegaz, Ana Solino, Sheila Santos, Clara Rosa Cruz Gomes, Marco Miranda, Ana Neila Torquato, José Mauro Brant, João Acaiabe, Kelly Orasi, Marina Bastos, Eraldo Miranda, Dora Estevez... E os contadores da Associação Viva e Deixe Viver? E os Doutores da Alegria, então? Wellington Nogueira, Luciano Pontes...

São todos profissionais singulares que abraçaram a excelência. Sabem que não há como agradar a todos, pois, quem tenta agradar a todos não agrada ninguém.

Até me lembrei de Esopo e de sua fábula *O moleiro, o filho e o burro*. Contarei em linhas gerais...

Um moleiro e o filho deixaram a fazenda e foram à cidade vender um burro. Ao passarem pelo campo de trigo, algumas jovens sugeriram ao garoto que montasse no burro.

Ele seguiu a sugestão e o pai, inclusive, o ajudou a subir. Ao passarem pelo campo de girassóis, alguns idosos mostraram-se indignados ao ver o moleiro a pé e o filho montado.

Pediram ao rapaz que caminhasse a pé e aliviasse o cansaço do pai. O filho desceu, ajudou o pai a montar e foram em frente. Ao cruzarem um bosque de pinheiros, viram um grupo numeroso de mulheres à beira de um riacho. Elas lavavam roupas e cantavam. Uma delas não se conformou com o rapaz a pé enquanto o velho seguia belo e folgado montado no burro.

Para evitar confusão, o moleiro puxou o filho à garupa e os dois seguiram mais animados. Estavam a menos de uma hora da cidade. Tão logo vendessem o burro, pegariam o dinheiro e voltariam à fazenda.

Quando, porém, avistaram a ponte de pedra, um feirante cismou que eles dois, fortes daquele jeito, é que deveriam carregar o burro e não representar um peso para ele. Fazia sentido. Então, o moleiro e o filho reuniram todas as suas forças e, com grande dificuldade, ergueram a montaria e atravessaram a ponte. A cena estava tão incomum e engraçada que juntou uma multidão para comentar e dar risada daquele trio tão desajeitado. Nessa altura do campeonato, o burro já estava tão cansado e irritado com as trapalhadas dos dois que deu um pinote e fugiu.

O moleiro e o filho nem tiveram tempo de pensar. Lastimaram o episódio e voltaram à fazenda sem burro e sem um tostão furado.

Se palpite fosse bom, ninguém dava, vendia. E por que o povo tem de meter o bedelho onde não é chamado? E ainda tem a pachorra de dizer o que devemos fazer, como se lessem nossos pensamentos. A gente tem de ficar de olhos bem abertos porque, se as coisas dão pra trás pro nosso lado, o povo linguarudo se faz de desentendido. Dá pra dormir com um barulho desses? É, não dá pra dormir no ponto. Não dá pra dizer amém a tudo o que o povo fala...

Realmente, ninguém tem o direito de rastrear a trilha da singularidade do outro, pois a singularidade profissional só se alcança secretamente, quando somamos muitas experiências subjetivas a um bom suporte teórico; em nosso caso, a um bom repertório.

E que o contador siga sua trilha secreta em busca da singularidade; pois o que é, na ordem das coisas, um contador de histórias sem história, sem um passado que justifique seu ofício?

Por esse motivo, aquele que resolver ser um contador de histórias, viver para essa arte, viver dessa arte, deve resolver, sentir e ponderar essa decisão em seu íntimo. E deve estar consciente de que provavelmente será criticado por escolher um caminho nada convencional. No entanto, se o candidato a trilhar uma carreira artística estiver convicto da nova direção que pretende seguir, deve nutrir-se da própria convicção e deixar os pessimistas resmungando sozinhos. Uma questão de determinação, de crer para ver.

Lanço mão das grandiosas palavras de Rainer Maria Rilke para iluminar essa discussão. No texto que se segue, Rilke (1993, p. 22-23) está aconselhando um jovem indeciso entre a literatura e a carreira militar.

> Pergunta se os seus versos são bons. Pergunta-o a mim, depois de o ter perguntado a outras pessoas. Manda-os a periódicos, compara-os com outras poesias e inquieta-se quando suas tentativas são recusadas por um ou outro redator. Pois bem – usando da licença que me deu de aconselhá-lo –, peço-lhe que deixe tudo isso. O senhor está olhando para fora, e é justamente o que menos deveria fazer neste momento. Ninguém o pode aconselhar ou ajudar – ninguém. Não há senão um caminho. Procure entrar em si mesmo. Investigue o motivo que o manda escrever; examine se estende suas raízes pelos recantos mais profundos de sua alma; confesse a si mesmo: morreria, se lhe fosse vedado escrever? Isto acima de tudo: pergunte a si mesmo na hora mais tranquila de sua noite: "Sou mesmo forçado a escrever?" Escave dentro de si uma resposta profunda. Se for afirmativa, se puder contestar àquela pergunta severa por um forte e simples "sou", então construa a sua vida de acordo com esta necessidade.

E que o candidato a contador de histórias faça o mesmo, que pergunte a si próprio. Pergunte e espere. A resposta sempre vem à tona e traz consigo novos e empolgantes desafios. Por falar em desafio, que tal revermos as tantas adaptações que realizamos para exercer na pandemia o nosso ofício espalhador de histórias?

9
Contar histórias remotamente em tempos de pandemia

Em tempos historicamente difíceis, a Arte retira o apreciador
do olho do furacão, de um emaranhado de restrições,
e o coloca no território imaginário, onde os sonhos individuais
e coletivos se realizam num piscar de olhos.

Mikhail Uskhabellus[10]

Da noite para o dia, o mundo mudou, fez um giro de 360 graus.
Em 31 de dezembro de 2019 foi identificado, na China, o primeiro caso da Covid-19. No Brasil, as medidas de isolamento social para conter a proliferação dessa doença infecciosa entraram em vigor a partir do final de março de 2020. O isolamento social produziu mudanças nos hábitos de toda a sociedade e muitos profissionais passaram a trabalhar em casa, em *home office*.

Os contadores de histórias, por exemplo, que atuavam em escolas, espaços culturais, feiras de livros, livrarias, empresas, onde houvesse um número considerável de ouvintes, tiveram de adequar as contações para o universo remoto. Ou seja, quem tinha pouca familiaridade com

---

10   *In*: USKHABELLUS, Mikhail. *Manifestações científicas da criança que ouve histórias*. Tradução de Fernando Mario Franco. 517. ed. Juiz de Fora: Franco, 2003. p. 207. (Coleção Reunindo os Pensamentos de Mikhail Uskhabellus).

a tecnologia precisou aprender, às pressas, o bê-á-bá. Não era mais possível permanecer *off-line* e viver na era *Flintstones*, ignorar as mudanças, pois todos os setores comerciais e todas as classes profissionais criaram, fortaleceram e expandiram sua atuação na internet, na trama das redes sociais. Fomos lançados à era *Jetsons*, para *Orbit City*, e hoje em dia acessamos *links*, baixamos aplicativos, digitamos senhas, *login*, conversamos no *chat*, fazemos videoconferências, impressões 3D, convivemos com robôs, e muito em breve os carros voadores substituirão os convencionais, que se deslocam no solo.

Para viabilizar nosso trabalho em *lives* e aulas remotas, nós, os contadores de histórias, tivemos de equipar nossos espaços. Em nossa casa foi improvisado um pequeno estúdio com tripé para celular, tripé com luz, filtro de linha com várias entradas, adaptadores de tomada (benjamim T), cenário, sem falar no pacote que tivemos de adquirir para aumentar nossa conexão, na necessidade de trocar o celular, de colocar câmera no computador, de investir em iluminação.

Se antes da pandemia, quando contávamos histórias presencialmente, circulávamos por entre os ouvintes, abríamos os braços com empolgação, pulávamos, recuávamos, nos agachávamos, girávamos como se fôssemos mímicos ou dançarinos, durante a pandemia passamos a conjugar o verbo adaptar-se com uma frequência assustadora. Foi necessário enquadrar nosso corpo na tela do celular, do monitor, do *laptop*. Deixamos de ser vistos dos pés à cabeça e passamos a povoar os quadrados digitais. Que desespero! Onde foi parar nossa atuação circular com muitos volteios e zigue-zagues? A solução foi explorar, expandir e reinventar o quadrado. Então, potencializamos o olhar, a dança gestual das mãos, o movimento de ombros, pescoço, tronco, as expressões faciais, a modulação da voz. O uso de objetos e a troca de cenários também trouxeram contribuições valiosas às nossas apresentações.

Antes, nós nos arrumávamos para sair de casa e nos apresentarmos. Na pandemia, caprichávamos mais nas roupas da cintura pra cima. Da cintura pra baixo, podíamos nos vestir com informalidade: chinelos, bermuda, moletom surrado ou mesmo calças do pijama. O quê? Perfume importado para a aula remota ou a *live*? Raríssimas vezes, apenas quando precisei levantar o astral e ficar muito bem comigo mesmo. Claro que fez falta sair de casa, ver gente, almoçar fora, entrar em uma cafeteria e pedir um *cappuccino*, circular pelos aeroportos, hospedar-se num hotel, cumprimentar e abraçar as pessoas sem pensar em vírus. Sorte de quem mergulhou na Arte e viajou em vários livros, com várias músicas, sinal de que abriu a porta da imaginação e, desse modo inteligente, preservou a saúde emocional.

Os contadores de histórias foram de suma importância na pandemia. Porque as crianças, os jovens e os adultos não puderam frequentar as escolas, os colégios, as universidades, os cinemas, os teatros, os museus, os clubes... Quando iam a alguns desses lugares, as pessoas usavam máscaras e não estavam completamente despreocupadas, relaxadas. Ouvir histórias nesse momento difícil fez com que os ouvintes reconectassem dentro de si os fios da esperança para acreditar em tempos melhores.

Parece óbvio, mas descobri que conseguimos passar emoção quando contamos histórias remotamente. Num primeiro momento, pensei que esses encontros virtuais seriam pautados pela frieza e pelo distanciamento. Ledo engano! Há emoção, envolvimento, e podemos ser tão intensos como somos presencialmente.

Em 2021, no segundo ano de pandemia, quando me dei conta de que as escolas continuariam com as aulas remotas ou com o ensino híbrido, optei por produzir mais dois baús: um para a Educação Infantil e outro para o Fundamental – Anos Iniciais. Seria estimulante e motivador contar com novidades para apresentar às escolas. O fato de a pandemia continuar não podia ser justificativa para eu desqualificar meu trabalho, enfraquecer o músculo da tenacidade e reproduzir fórmulas que já haviam dado certo. Desafios nos reanimam. Então, convidei a Marilena Cabral, minha diretora teatral, para realizarmos nossos ensaios no ambiente virtual. Claro que ela aceitou a empreitada.

Eis os pontos relevantes de que tratamos nos ensaios:

> 1. A duração da história: consideramos conveniente enxugar algumas cenas para tornar a narração mais dinâmica. O tempo no cenário virtual tem uma agilidade maior. Ou seja, objetividade e ação passaram a ser ingredientes indispensáveis.
>
> 2. Enquadramento: manter de um a dois palmos entre o alto de nossa cabeça e o topo da tela. Assisto a muitos vídeos em que parte da cabeça do contador não aparece. Para evitar que nossa cabeça seja cortada na imagem, convém regular a altura do celular no tripé e manter uma distância do aparelho. Podemos fazer alguns testes e assistir para verificar se o resultado nos satisfaz.
>
> 3. Iluminação: se pudermos contar com a luz do dia, ótimo. Caso contrário, precisamos recorrer aos tripés de iluminação, às luminárias. Como faço a maior parte das gravações em minha biblioteca, troquei as lâmpadas de luz quente por lâmpadas de luz fria, essas últimas iluminaram melhor o ambiente.
>
> 4. Superfícies próximas para apoiar o material da contação. Deixar tudo à mão: livros, objetos da contação e água para saúde vocal e hidratação. Preparamos o ambiente para cada história.
>
> 5. Sugiro que, diante das câmeras, criemos um clima acolhedor, intimista, como se realmente estivéssemos na presença de amigos, pois, no fundo, é disso que todos mais precisam em tempos de isolamento social: calor, afeto, uma comunicação genuína que nos revigora e nos faz sonhar, sorrir, gargalhar.

Na pandemia, a tecnologia foi glorificada,
enaltecida, supervalorizada.
Porém, a conexão poética que o contador de histórias
estabelece com seu público ouvinte ultrapassa em
importância a própria transmissão remota da contação.
Agora predomina o dom da escuta, a arte de colocar os
ouvintes dentro das histórias para que eles deixem
o caos por alguns momentos e entrem num mundo regido
pelo bem-estar, pela saúde, pela felicidade.
E, quando entram para esse mundo das histórias,
os ouvintes conseguem respirar com serenidade,
soltar a musculatura, ouvir o batimento cardíaco
e sentir no corpo e na alma os benefícios
terapêuticos das histórias.

A conexão pode falhar algumas vezes, a imagem pode ficar distorcida. O importante é o ouvinte sentir que a história foi contada com respeito, atenção, gentileza. O importante é o contador de histórias proporcionar um tempo sem nenhuma pressa para o ouvinte arrumar toda a desordem que a pandemia gerou em seu interior. Quando um contador conta uma história com plenitude, o ouvinte consegue finalmente escutar-se, olhar para si próprio.

Sim, verdade seja dita, quando ouvimos uma história contada com maestria, não importando se a contação foi remota ou presencial, ela ficará em nossa memória afetiva por muitas décadas. E o mais instigante: será uma história que nos ajudará a ser pessoas melhores.

Enquanto escrevo este capítulo, a pandemia está em seu 15º mês, e paira no ar e nos lares um estarrecimento com o número de óbitos em nosso país e no mundo. Paira um desajuste, um desconforto, uma dificuldade em exercer nossa cidadania, nossa profissão, em viver nossa humanidade. Mas de uma coisa tenho certeza: sabemos nos adaptar a toda e qualquer situação, e certamente, no mundo pós-pandemia, as histórias ouvidas e lidas também nos ajudarão a protagonizar e a reorganizar nossa história.

10
Por que até hoje contamos os contos de fadas?

> Quando todos os pensamentos mágicos da criança estão
> personificados num bom conto de fadas – seus desejos destrutivos,
> numa bruxa malvada; seus medos, num lobo voraz; as exigências de
> sua consciência num homem sábio encontrado numa aventura;
> suas raivas ciumentas em algum animal que bica os olhos de seus
> arquirrivais – então a criança pode finalmente começar
> a ordenar essas tendências contraditórias.
> Isto começado, a criança ficará cada vez menos engolfada
> pelo caos não manejável.
>
> Bruno Bettelheim[11]

Como a literatura oral possui uma abrangência cultural imensurável, centrar-me-ei nos contos dos Irmãos Grimm (Jacob e Wilhelm) por uma questão didática e por uma familiaridade com eles; no entanto, pelo fato de a literatura oral trabalhar com arquétipos, com uma linguagem simbólica, poderia também ter escolhido contos de quaisquer outras culturas, inclusive as lendas do folclore brasileiro.

---

[11] *In*: BETTELHEIM, Bruno. *A psicanálise dos contos de fadas*. Tradução de Arlene Caetano. 9. ed. Rio de Janeiro: Paz e Terra, 1992. p. 82. v. 24. (Coleção Literatura e Teoria Literária).

Claro que fiquei inclinado a associar o imaginário infantil com as lendas do folclore nacional e, se não o fiz, foi em função de nossa colonização e formação cultural. Como cidadãos de um país eclético, temos de pensar da seguinte forma: antes de nossa *descoberta*, por volta de 1500, tínhamos uma identidade cultural lindamente construída pelo índio. Depois da *descoberta*, os desbravadores portugueses e os religiosos diluíram nossa identidade indígena em meio a outros valores que eles trouxeram em suas embarcações. Pronto, viramos colônia de Portugal e perdemos a terra, a liberdade, nossa subjetividade, nosso mito. O europeu trouxe consigo seus mitos, suas histórias que, infelizmente, sobrepuseram-se às nossas; portanto, trabalharei com os contos de Grimm por estarem mais acesos em nossa memória igualmente colonizada. Agora, o que realmente jaz em nossas profundezas são os mitos indígenas devastados que precisamos recuperar e incorporar em nossa brasilidade amorfa e promiscuída.

Existe um livro contundente chamado *Outros 500: uma conversa sobre a alma brasileira* no qual a jornalista Lucy Dias entrevista o analista junguiano Roberto Gambini. Os dois autores, com extrema habilidade, colocam o Brasil no divã e deixam que esse gigante fale à vontade de seus conflitos, medos e dores. E o Brasil fala de si mesmo tentando recuperar a identidade perdida. Felizmente, Dias e Gambini (1999, p. 93) nos darão a honra e também uma colher de chá de conversar conosco:

> É preciso voltar à noite de 1500. Lá há um buraco negro, uma obscuridade. Nós sabemos que há uma coisa preciosa dentro, mas isso não entra muito nessa gênese. Como falar do surgimento de uma alma brasileira se a alma que existia foi negada? Nesse momento de virada da história ocidental, o ano de 1500, ponto de encontro de duas parcelas distintas e complementares da humanidade, um processo de desenvolvimento anímico de dezenas de milhares de anos começa a encontrar o seu fim. O começo do povo brasileiro é o começo do fim da alma ancestral da terra. Os traços deixados foram poucos porque a civilização tropical não é feita

de pedra como no Peru ou na península de Yucatán, mas de palha, pena, timbira e taquara, todos materiais perecíveis.

Ou seja, havíamos descoberto nossa alma muito antes de 1500. Depois da *descoberta* oficializada pela História, essa alma foi violada, esmagada e obrigada a engolir seu canto, seu mito original.

Abrirei mão de associar imaginário infantil com lendas brasileiras por uma questão estratégica. Se quisermos realizar um trabalho de arqueologia psíquica em busca de nossa identidade mítica, temos de, primeiramente, olhar para nosso imaginário colonizado pelo ecletismo cultural; daí, sim, depois de entendermos os arquétipos presentes nos contos de fadas dos Irmãos Grimm, estaremos aptos para sondar os elementos nacionais de contos e lendas folclóricas. E mesmo porque os arquétipos transcendem as questões regionais, eles se referem a questões humanas. Servem tanto para o cidadão brasileiro, como para o japonês, o húngaro.

Num segundo momento de trabalho com a literatura oral, convém que o educador passe a povoar o imaginário da criança com as lendas de sua terra natal. Ele estará percorrendo o caminho da memória superficial e colonizada do aluno para seu inconsciente ancestral. Do que lhe é relativamente familiar para o que ele não conhece, ou melhor, para aquilo que o aluno ainda não teve oportunidade de reconhecer como um conteúdo psíquico pertencente ao seu imaginário.

Tenho de fazer uma revelação. Nunca havia comentado com ninguém de minha coleção. Comecei a contar os contos de fadas em 1990 e, de lá para cá, venho colecionando olhares de deslumbramento, de um encantamento arrebatador. Olhares de crianças, adultos, pessoas de todas as idades. Percorri centenas de escolas e em nenhuma delas deixei de encontrar a esperança nos olhos dos que ouvem histórias. Nunca deixei de encontrar crianças conspirando com o Universo, desejando ser felizes para sempre. Isso significa que a literatura infantojuvenil, mais propriamente os contos de fadas, tem o papel de devolver a esperança ao homem, de garantir nossa sanidade psíquica, de amparar nossas frustrações, de globalizar nossa emoção, de nos colocar uma espada e um escudo nas mãos, de nos tornar seres humanos melhores, imbuídos de humanidade legítima, vivenciada com intensidade, conscientemente.

Em nenhuma dessas escolas que percorri deixei de encontrar olhos fixos, olhos livres. E, em nenhuma dessas escolas, cheguei a encontrar a... Opa, espere um pouco. Algo maravilhoso está acontecendo. Você está ouvindo?

Silêncio...

Um sino mudo badala.

É uma pausa para sonhar.

A história começou.

Os poros se abrem, como se eles já estivessem abertos, desde o princípio. Agora tudo pode acontecer. O príncipe afunda sua espada no peito da serpente de doze cabeças. A princesa suspira e abandona, de uma vez por todas, a torre mais alta do castelo. O príncipe valente a convida para montar na garupa de seu cavalo branco e eles saem abrindo trincheiras num mapa interior e comum aos dois. Perigo! A bruxa envenena uma maçã e parte para a floresta. Lobo Mau engole a vovozinha e a Chapeuzinho. O caçador pressente algo estranho no ar.

Mistério. Embaixo da pele do Bicho Peludo esconde-se a mais bela princesa que já existiu. A guardadora de gansos fala com uma cabeça de cavalo. Ela tem cabelos de ouro e guarda um segredo. Se ela contar, pode ser morta pela criada traidora.

Meu Deus! O espelho revela a verdade.

Branca de Neve mora com os sete anões!

Nos olhos da madrasta arde um desejo de vingança e, em seu corpo, as veias saltam eufóricas.

Emoção!

Respiração acelerada.

Viver faz um sentido incrível. Faz, realmente, muito sentido. A coragem cresce dentro do útero, dentro das vísceras. O herói vence. O vilão fracassa e é vingado, morto, estraçalhado. Sim, queremos e precisamos viver felizes. Para sempre, incansavelmente para sempre. Precisamos, a exemplo de Édipo, decifrar os enigmas da esfinge, trilhar os caminhos que nos conduzirão à decifração desses enigmas. Até para entender nossos conflitos. Aliviar tensões. Reunir a poeira das esperanças. Tocar o barco. De olho no farol, de olho no infinito. Desvendando o mar e a simplicidade das ondas.

Contos de fadas alimentam o imaginário humano. Sem esse alimento, ficamos desnutridos. Desprovidos de olhares cintilantes em busca de incontáveis sentidos, vazios de nós. Sem esse mergulho em nossas águas imaginárias, oceânicas, perdemos a oportunidade de reconhecer e incorporar nossa profundidade, nossa escuridão, a beleza de nossos enigmas.

Contamos histórias porque somos humanos, contadores inatos, congênitos.

Porque temos fome da imaterialidade dos sonhos.

De subjetividade.

De grandeza.

De amor.

De detalhes, desafios, ternura.

Temos fome de reinventar a mesmice. Embelezar o cotidiano. Dançar com as fadas. E, acima de tudo, viver um lindo conto de fadas. Além do bem, além do mal. Com uma grande carga de lirismo e uma dose cavalar de loucura.

Exatamente assim: brandamente.

*Para isso que existimos, para termos uma história.
Só nossa, uma história escrita com o rastro
fosforescente de nossos pés.
Definitivamente, nós existimos para resguardar nossa
história, para compartilhar nossos aprendizados.*

Um sino mudo continua badalando de maneira frenética.
Ele anuncia uma solenidade: o ingresso do ouvinte nas histórias.
Pode entrar.
Venha.
Isso...
Seja bem-vindo e sinta-se livre para entrar no castelo e explorar escadarias, estrebarias, salões, vestíbulos, banheiras e jardins.
Um ouvinte alado é sempre amado por aquele que conta. Afinal, o contador de histórias faz o universo do ouvinte flutuar. Quem conta uma história acende uma luz atrás do véu da realidade, conta um segredo, sussurra e revela uma verdade, várias verdades fantasiadas de mentiras.
Histórias...

11

O sonhador que educa e o educador que sonha

Geraldinho não teve coragem pra pedir. Insinuou:
– O senhor deve conhecer muitas histórias...
– Iiihhh, se sei... – Pela primeira vez Capitão Tomás tirou o pito da boca, acompanhando a resposta com um gesto de mãos.
– De pirata? – O olho de Geraldinho brilhou, curiosidade explodindo.
– De piratas também. Mas vou contar uma história da vida. É bonita...
Só os olhos do menino se moviam, acompanhando os gestos do velho homem do mar. O resto do corpo era estátua paralisada pela espera e fascinação. E Tomás contou: [...]

Werner Zotz[12]

Um contador de histórias constrói os castelos no imaginário das crianças para abolir os impostos. Constrói os castelos em terra imaginária para ninguém herdá-los concretamente. Constrói porque as vozes de dentro da fantasia pedem. E nada se nega às personagens de coração real. E um contador de histórias lúcido sabe que um castelo erguido no imaginário de uma criança possui uma arquitetura tão arrojada que nenhum tesouro do mundo real seria capaz de custear sua construção. Por isso, ele investe no enriquecimento do universo interior da criança. Agindo dessa

---
12   *In*: ZOTZ, Werner. *Barco branco em mar azul*. Ilustrações de Alê Abreu. 17. ed. Florianópolis: Letras Brasileiras, 2005. p. 18-19.

forma, ele contribui para erradicar a miséria emocional e espiritual do homem. E, acima de tudo, ele devolve à criança o sentido de existir, a certeza de que ela pode voltar-se para dentro de si e fazer uso de seus potenciais.

Vocês já notaram que, na grande maioria das vezes, quando as crianças se conhecem, elas não se avaliam pelo sobrenome, pelas roupas que vestem, pelo patrimônio de suas famílias? Talvez as crianças saibam que todas elas, sem exceção, são arquimilionárias, herdeiras de uma riqueza sem tamanho, incalculável. Como se elas estivessem aqui conosco e, ao mesmo tempo, vivessem num mundo paralelo onde a imaginação, a felicidade, a harmonia, o riso frouxo e o encantamento prevalecem. Sendo assim, nenhuma criança sente necessidade de menosprezar a outra por ter mais dinheiro ou um número maior de brinquedos. Elas estão mais interessadas em brincar, em mergulhar na solidariedade da brincadeira.

Contar histórias para as crianças mostra-se uma alternativa para a resolução de problemas sociopolíticos, econômicos e de ordem humana. Um adulto que construiu na sua infância um império interior não precisa pisar em seus semelhantes para edificar de forma ilícita impérios exteriores.
Ele consegue estabelecer limites porque seus valores éticos lhe permitem discernir o que realmente tem valor para si, razão pela qual conta muito para ele a forma de alcançar a prosperidade. Dificilmente esse adulto que ouviu histórias na infância ficará lutando com moinhos de vento, abusando do poder e ferindo as aspirações sociais da própria democracia em detrimento de um individualismo egoístico levado às últimas consequências.

Por isso que a criança tem de ouvir histórias.

Por isso que a criança tem de sentir-se plena em seu imaginário.

Porque, no mundo imaginário, nenhum desejo forte, sincero ou mesmo fugaz costuma ficar irrealizado. Um desejo nasce para expandir-se e ganhar contorno, uma plasticidade imaterial, um movimento. O adulto tem de entender que a criança quer habitar o seu imaginário. Que ela precisa com urgência de alguém que retire o relógio do pulso e leia para ela, e conte história, e tenha tempo para sorrir, para olhar no fundo de seus olhos e passear de mãos dadas pela Terra do Faz de Conta. Nessa terra abstrata, tudo pode acontecer, e o valor da moeda não tem nenhum peso concreto; aliás, o lastro é bem mais sutil, quer dizer, essa moeda é o próprio sonho. São sonhos mínimos, grandes, imensuráveis, todos possíveis de realização. Nessa terra, a mesquinhez é completamente descabida e ninguém precisa acumular sonhos ou mesmo economizá-los. Vale a democracia e a liberdade dos sonhadores. A inventividade. Vale rir aberta e escancaradamente. Vale amar sem freios e medidas. Vale erigir o impossível das cinzas e modelar segredos ousados e despachados. Vale dançar com os deuses e nadar nas piscinas do Olimpo. Vale ser o avesso de si mesmo, integralmente, essencialmente. Agora, fica expressamente proibido camuflar a identidade e vestir máscaras e fantasias que não queremos nem precisamos usar.

Lamento quando vejo crianças equilibrando nas costas uma pilha monstruosa de deveres. São crianças que têm pouca familiaridade e convívio com seus direitos.

Lamento mesmo quando me recordo de que, em 20 de novembro de 1959, foi preciso a Assembleia Geral das Nações Unidas proclamar a *Declaração Universal dos Direitos das Crianças*. A proclamação do óbvio. Um emaranhado de princípios para garantir à criança o direito de brincar e conhecer sua individualidade em todos os aspectos. E, mesmo se não houvesse declaração, os princípios estariam gravados na consciência de todos os adultos e nos poros de todas as crianças.

Em seu compêndio literário sobre a arte de contar histórias, o notável astrofísico polonês Mikhail Uskhabellus (2003, p. 332) formulou a seguinte sentença:

> Existem mais imagens brincantes no imaginário da criança do que planetas e estrelas no universo. E, lamentavelmente, o adulto outorga um número maior de proibições à criança e oferece poucas oportunidades para ela reconhecer a si mesma no universo e habitar efetivamente o seu imaginário.

Sem dúvida alguma o astrofísico Mikhail Uskhabellus faz alusão à ludicidade que rege os sistemas planetários e aponta os riscos sociais gerados pelo adulto ao inibir a livre manifestação da natureza brincante da criança. E o princípio norteador dos adultos conscientes de seu papel deve ser mesmo a promoção da gratuidade e da brincadeira desprovida de objetivo analítico, avaliativo e pedagógico. Que o objetivo de toda brincadeira fique encerrado na própria brincadeira. Isso também vale para a história. Para o amor. E para o santo ócio, a arte de não fazer nada, entender o nada, brincar com o nada e silenciar todas as nossas funções sociais apenas para ocupar-se em ser.

Ser humano. Ser misteriosamente humano. Ora com muitas ocupações, ora com nenhuma. Tiremos um coelho da cartola. Lindo! Rechonchudo! Saudável! Tiremos agora um exemplo: um grupo de crianças empenhado em construir uma cabana no quintal. Perfeito! A cabana está erguida e o grupo descansa em seu interior. Nenhuma das crianças quer falar ou fazer algo, elas apenas realizam um intercâmbio de sorrisos, sutilezas e cumplicidade. Querem ficar ali dentro, juntas, porque todas contribuíram na construção da cabana, porque fazem parte da mesma tribo, mais à noite acenderão a fogueira e saborearão os peixes que elas mesmas pescaram. O sonhador que educa e também o educador que sonha conseguem entender o significado de atividades gratuitas a fim de permitir à criança que vivencie esses momentos sem interferência ou comando.

Sobrecarregar as rotinas doméstica e escolar da criança com incontáveis atividades servirá para criar adultos com dificuldades de relaxar, encarar-se e urbanizar seu império interior. O sonhador que educa e também o educador que sonha precisam estimular a criança a ocupar-se de si, do autoconhecimento, do ócio.

Mas que agradável!

Domenico de Masi (2000, p. 325-326) empurra o portão desse nosso capítulo. E entra carregando um presente para nós, alguns parágrafos de seu livro *O ócio criativo*:

> Educar para o ócio significa ensinar a escolher um filme, uma peça de teatro, um livro. Ensinar como se pode estar bem sozinho, consigo mesmo, significa também levar a pessoa a habituar-se com as atividades domésticas e com a produção autônoma de muitas coisas que até o momento comprávamos prontas. Ensinar o gosto e a alegria das coisas belas. Inculcar a alegria.
>
> A pedagogia do ócio também tem a sua ética, sua estética, sua dinâmica e suas técnicas. E tudo isso deve ser ensinado. O ócio requer uma escolha atenta dos lugares justos: para se repousar, para se distrair e divertir. Portanto, é preciso ensinar aos jovens não só como se virar nos meandros do trabalho, mas também pelos meandros dos vários possíveis lazeres. Significa educar para a solidão e para a companhia, para a solidariedade e para o voluntariado. Significa ensinar como se evita a alienação que pode ser provocada pelo tempo vago, tão perigosa quanto a alienação derivada do trabalho. [...]
>
> Mas um número enorme de pessoas vive num contexto urbano-industrial e introjetou seus ritmos e seus valores. Não sabe se mover sem regras e prescrições, não sabe escolher autonomamente nem mesmo um lugar para passar as férias: vai a uma agência de viagens e engole o pacote que convém ao agente empurrar naquele momento. A grande maioria das pessoas não sabe como se distrair, nem como descansar. Quando tem tempo, se entedia. Com o calar da noite, volta logo para a toca, como se as horas noturnas pudessem pertencer a um reino só de pecados e não de liberdade.

Obrigado, Domenico. Amo você, devo muito a você.

Em contrapartida, também não faz sentido deixar a criança sem nenhuma incumbência (pequenas responsabilidades) na rotina doméstica, como, por exemplo, arrumar a cama, tira a louça da mesa, regar as plantas.

Engraçado, sempre tenho a impressão de que estamos educando para o futuro, para fortalecer qualidades intelectuais imprescindíveis ao mercado de trabalho. E essa impressão rouba de mim o direito ao ócio, a um passeio contemplativo e demorado pelo meu império interior. O direito de viver com os pés descalços sentindo a terra do presente, sentindo o cheiro do presente molhado. A terra do agora recebendo chuva farta. Sim, caros sonhadores e nobres educadores, a vida está acontecendo agora. A vida não é algo para viver amanhã. É agora que a chuva está caindo e que temos de sair de casa para nos molhar, fazer de tudo para nos sentirmos vivos. É agora o momento de retirar o lobo e os sete cabritinhos dos livros. É agora o momento de erguer um majestoso império por trás do véu da realidade. É agora que as crianças querem correr pela floresta até encontrar uma casinha feita de pão doce, bolos e com vidraças de açúcar.

Fica, portanto, registrado um elogio aos sonhadores e educadores empenhados em auxiliar as crianças a mobiliar, decorar, urbanizar e povoar seus impérios interiores.

E fica aqui anunciado aos quatro ventos que tudo o que se fizer pelo imaginário infantil será repetido *ad infinitum*. Por exemplo, uma avó que faz bolos macios e que recebe um consentimento cúmplice e silencioso de povoar nosso imaginário estará, mesmo após sua morte, fazendo bolos diariamente. Será essa a sua função em nosso imaginário, a de nos alimentar continuamente com a maciez de seus bolos e com seu afeto deliciosamente nutritivo. Outro exemplo é a imagem de um castelo grandioso. Imagem que estará continuamente ilustrando e amparando a realidade de uma criança moradora do morro, quer dizer, quando se cansar da pobreza concreta do barracão, ela realizará um mergulho em seu interior para habitar um majestoso castelo. Do morro para o castelo, uma ascensão instantânea. E mais: essa imagem de abundância arquitetônica faz alusão a um lar onde impera abundância de afeto, aconchego, harmonia, respeito mútuo e conforto. Lembremos que, além de possuir lindos castelos e incontáveis tesouros, o imaginário também possui subúrbios, comunidades, córregos, áreas povoadas, áreas desertas, monstros, doenças, assassinatos, catástrofes, ou seja, ele reproduz interiormente tudo aquilo que capta no meio exterior. Outra imagem: o Pequeno Polegar passando por diversas dificuldades. Ele ajuda os salteadores a roubar o tesouro do Rei, é engolido por uma vaca, fica um tempão dentro de um chouriço com pedações de toucinho, é também engolido por uma raposa e, finalmente, com grande esperteza, convence a raposa a levá-lo até sua casa para comer quantas galinhas ela quiser. A raposa recebe o combinado, e o pequeno aventureiro está de volta à casa dos pais. Para alcançar a vitória, Polegar atravessa inúmeras dificuldades e o núcleo imagético que a fantasia infantil apreende desse conto reside exatamente aí: nem mesmo a pequenez do protagonista impediu que ele chegasse à vitória.

Uma pergunta.

Você acredita que essas imagens apresentadas representam uma atitude evasiva, uma fuga à realidade?

Penso que essas tantas imagens são reconfortantes e fortalecem a autoestima da criança. Pode parecer obstinação essa insistência em querer alargar o imaginário da criança. O fato é que essa insistência representa uma aspiração antiga do homem em querer construir impérios invisíveis e edificar seus sonhos mais significativos no plano das ideias. E digo mais: toda vez que uma criança ouve uma história bem contada, a humanidade inteira cresce, vertiginosamente. E toda vez que um contador narra uma história com alma, ele se aproxima de Deus, da consciência do Universo.

E existe um elogio maior do que esse?

Tocar o impalpável e relatar esse toque, esse bonito conto de fadas...

E o que será de nós se os artistas deixarem a utopia de lado?

Não nos esqueçamos de que toda revolução social profunda parte do indivíduo. Do imaginário pessoal em direção ao imaginário coletivo. E parte com a finalidade única de democratizar um número cada vez maior de sonhos. Sim, temos de admitir que a sociedade urbaniza e povoa o planeta concretamente sem nenhum questionamento filosófico. Agora, quando se trata de povoar e urbanizar um planeta impalpável, subjetivo, a sociedade tem sérias dificuldades de facultar-lhe existência e relevância. Isso mostra o milenar conflito entre realidade externa e realidade interna. Porque, cá entre nós, um engenheiro constrói casa e todo mundo vê; um farmacêutico faz remédios e todo mundo vê; o sapateiro conserta um par de botas e todo mundo vê o conserto. Alguém por acaso vê o que aconteceu com a criança quando um contador contou uma de suas tantas histórias? Alguém vê o esforço prévio do contador para poder contar uma história de determinado jeito? Ninguém vê, e essa ausência de materialidade em nosso trabalho enfraquece sua credibilidade e importância. Se entrássemos no imaginário de uma criança após a narração de uma história, verificaríamos uma nova arrumação nos elementos psíquicos, perceberíamos que algum conteúdo emocional ficou bem mais ajeitado dentro dela.

Tenho o imensurável prazer de, novamente e de uma forma mais contundente, trazer para estas páginas um depoimento do magnífico e brilhante Mikhail Uskhabellus. Depois de exaustivas semanas tentando convencê-lo por meio de *e-mails*, cartas, telegramas e mensagens jogadas por helicópteros no jardim de sua propriedade, o célebre astrofísico rendeu-se a tanta insistência e aceitou receber-me e escrever algumas linhas com exclusividade para este livro. Agradeço o empenho de Cremilda e de Epitáfio, seu assistente de laboratório, que facilitaram meu contato com Mikhail.

Ao ser abordado sobre os caminhos científicos para comprovar a existência do imaginário, Mikhail expressou-se com as seguintes palavras:

> Como legitimar uma descoberta impalpável usando para isso critérios científicos? Trata-se de uma demonstração inconcebível para a intelecção humana e impossível de ser verificada e comprovada pelos cinco sentidos e pelos aparelhos microscópicos de incomensurável ampliação. Como alguém poderia enumerar, relacionar e classificar as imagens que povoam o imaginário de um indivíduo? Estamos diante da subjetividade de cada ser e a ciência, por mais avanços que ela tenha acumulado ao longo das últimas décadas, ainda se apoia na ocorrência de experiências idênticas e similares.
>
> Mais sensato ainda será que o homem canalize a sua preocupação para o exercício pleno de seu imaginário e abandone por completo o seu desejo utópico de desvendar o funcionamento do incognoscível, aquilo que não se pode conhecer.

Ainda conversando com o Mikhail, ele pegou um livro da Neila Tavares (2002, p. 98) e nos leu pausadamente uma parábola de Ramakrishna:

> Bagwan Ramakrishna costumava contar-nos a história daqueles homens que, tendo entrado num pomar de mangueiras, dedicavam-se a contar as folhas, os galhos, a examinar a cor e comparar o tamanho, anotando cada característica com o máximo cuidado. Depois, entretinham erudita polêmica sobre cada um dos tópicos, que, sem dúvida, eram para eles muito interessantes.
> Um deles, entretanto, mais sensível que os companheiros, não se preocupou com tantas coisas e começou a chupar as mangas. Não era um sábio?

Astéria Galateia, assistente de observatório do Mikhail, entrou na sala e solicitou a presença do astrofísico para um assunto de suma importância. Nós nos despedimos e eu fiquei chupando mangas, saboreando as palavras de um dos maiores cientistas dos últimos tempos.

Só sei que, às vezes, bate uma vontade gigantesca de querer redigir uma tese para comprovar a existência do imaginário e seu funcionamento; daí, depois de alguns minutos de inconformação, saio de um eixo utópico e recupero a razão. Compreendo que, se comprovássemos a existência e o funcionamento do imaginário, estaríamos, de certa forma, agindo como um estruturalista russo bem cético. Retiraríamos uma borboleta de seu voo e faríamos algumas mutilações para entender o processo interno do voo, a beleza contida nesse voo. Puxaríamos uma antena daqui, arrancaríamos uma asa dali, a outra, e pronto. Não existiria mais a borboleta nem o voo. Existiria tão somente uma frieza malsucedida, calculada milimetricamente.

Nossa sorte é que a criança fareja, tem visão de longo alcance e os instintos apurados. Ao pressentir que, dentro de si, existe um lugar incorruptível, no qual nenhum tesouro ali colocado é roído pela traça, a criança, toda festiva, determina o lugar ideal para levantar sua realidade imaterial. Depois dessa descoberta pressentida e vivenciada, ela começa a participar do demorado, pessoal e intransferível processo de urbanizar, mobiliar, decorar e povoar seu imaginário. Entenda-se por imaginário aquele território na mente em que a imaginação pode proporcionar infinitas possibilidades de ser e estar para aquele que imagina, ou seja, para aquele que pensa livremente sem precisar apoiar-se em regras, convenções ou leis naturais comprovadas pelos cinco sentidos.

Instintivamente, a criança sabe que, ao levantar a realidade de seu universo imaginário, precisará deixar alguns espaços selvagens dentro de si. Que não deverá derrubar toda a mata imaginária para ir logo loteando e erguendo obras e mais obras no afã de temer um confronto com o selvagem, com a própria consciência. E esse discernimento (essa quase consciência ecológica) ela só conquistará à medida que aprender a utilizar sua individualidade, seu poder de escolha, ou seja, se ela irá colocar uma imagem retirada de algum conto de fadas em algum lugar de sua mente ou se preferirá deixar esse lugar desocupado, selvagem, esperando a chegada de uma outra imagem que combine mais com essa atmosfera mental. Ah! Tem um detalhe: o imaginário não está circunscrito à região cerebral; pelo contrário, está diluído na consciência de todas as células do corpo; e, embora fisicamente falando tenha seus limites definidos no próprio corpo humano, sua natureza é abstrata e funciona como um depósito de componentes subjetivos para garantir o ilimitado à nossa consciência global.

E eis que o caminho, sempre o caminho, novamente bate à nossa porta.

(Acho engraçado: desde quando o caminho precisa bater para entrar?)

Ele entra, abre um sorriso lindo e mostra sua seta irresistível.

E, incontestavelmente, nós seguimos a inconfundível rota de sua seta.

Do limite para o ilimitado.

Do impossível para a realização imediata.

Da imagem onírica e vaga para a certeza boquiaberta.

E assim vamos vendo a magia aflorando, e vamos vendo a magia flutuando nosso desejo de apenas flutuar, e vamos vendo a magia surpreendendo e guiando todas as naturezas.

Todas as naturezas...

12
Intuição, a canção da consciência

> Florismal... Para Eugênio aquele nome tinha um secreto encanto. Florismal aparecia quase todas as noites, chegava muito calmo, fumando o seu charuto de tostão e ia logo sentando na cadeira de balanço. Era um homem baixo, de cabelos ralos, quase calvo. No rosto gorducho e redondo, a barba forte era sempre uma sombra azulada, mesmo quando ele se escanhoava. Os dentes eram maus e miúdos. Florismal tinha uma voz macia e uma certa dignidade de estadista. Era um espírito conciliador e gabava-se de ter muita lábia. "Nasci para advogado", dizia. "Se eu tivesse tido mais um pouco de juízo quando moço..." Calava-se, entortava a cabeça, batia a cinza do charuto e ficava em atitude sonhadora. Decerto a ver mentalmente o seu passado, os seus erros e uma carreira perdida. Ou então pensava apenas no efeito que aquelas palavras e aquela sugestiva postura podiam estar produzindo nos interlocutores.
>
> Erico Verissimo[13]

O que marca um ouvinte alado, salvo condutas agressivas, homicidas e autodestrutivas, é a intuição fornecida pelas estruturas armazenadas em seu imaginário, as estruturas digeridas das histórias

---

13 *In*: VERISSIMO, Erico. *Olhai os lírios do campo*. Ilustrações de Paulo von Poser. 4. ed. 6. reimpr. São Paulo: Companhia das Letras, 2005. p. 31.

que ouviu ao longo da vida. Exatamente, o ouvinte alado encarna o herói para vivenciar e conhecer as raízes profundas do bem. Tamanha consciência o arma de segurança e lhe dá a certeza de que viverá um desfecho de reencontro, de restabelecimento da ordem perdida, de que sua história também trará no final as seguintes palavras: ... e viveram felizes para sempre.

Ter a intuição de que se viverá feliz para sempre, de que se está assumindo integralmente a figura do herói, faz de qualquer pessoa um ser dotado de esperança, coragem e ética, ciente de que, para vencer as configurações do mal, ela deverá recorrer aos recursos de sua personalidade para manter-se invulnerável às tendências destrutivas e autodestrutivas.

Na verdade, a intuição é o mapa mais confiável para o homem entender sua escala de valores e compará-la com aquela ditada pela sociedade. Um mapa subjetivo que estabelece os limites entre aquilo que faz sentido para nós e aquilo que um dia já fez. Sem essa voz interior, ficamos desorientados, tentando compreender o real sentido de nossa existência.

Quando nossos canais emocionais conseguem estabelecer uma conexão sem ruídos com a intuição, podemos dizer que realmente somos nós mesmos. Estamos trilhando nosso caminho, sentindo a vida pelos nossos sentidos, diretamente; trata-se de um trabalho árduo, diário e incansável. Um trabalho que tem de ser avaliado de tempos em tempos com extremo rigor para que o indivíduo não se distancie das pessoas e objetivos que o deixam centralizado e satisfeito consigo.

São incontáveis os ruídos que nos separam dessa voz sutil chamada intuição. Entre eles, podemos citar a ambição desmedida; o medo de ficar sozinho conversando com a consciência; a falta de tempo para o lazer cultural e a prática de esportes; a insegurança em assumir a personalidade real e ter de comandar o próprio destino; o medo de não ser aceito; o acúmulo de máscaras sobre nossa face original; a mentira atrás de mentira; as barganhas periódicas que fazemos com nossos sonhos verdadeiros; e a incapacidade de abandonar hábitos inconsistentes que já perderam o sentido dentro da nossa rotina e atual realidade emocional. Com a presença de alguns desses ruídos, acaba sendo inevitável nosso distanciamento da intuição, isso porque nos traímos e, como prêmio por essa traição consciente, ganhamos a inabilidade de distinguir nossa voz interior de vozes alheias.

Sejamos mais específicos. Você já recebeu uma proposta tentadora, e seus alarmes dispararam para não aceitar, mas ainda assim aceitou porque todo mundo considerava a proposta irrecusável? Seus alarmes dispararam diversas vezes, e você preferiu ouvir as vozes externas. Com a escolha de parceiros dá-se o mesmo. Aparece a pessoa que todos julgam ser o par perfeito. O relacionamento tem tudo para dar certo, mas nossos alarmes disparam para cairmos fora. Só que de nada adianta tanto estardalhaço interno: entramos de cabeça para não decepcionar os demais. Quebramos a cara novamente. Deixamos de ouvir a intuição uma vez mais. Ou seja, muita conveniência social e pouca coerência pessoal, pouca verdade interior. Desde o princípio sabíamos que nos machucaríamos e, ainda assim, fomos, talvez apenas para aprendermos a confiar nos nossos alarmes internos.

Temos de entender que a intuição é a voz da alma, o megafone de nosso eu superior. Nossos sentidos podem concordar com tudo e achar tudo uma maravilha, mas, se a alma não disser aquele sim visceral, o melhor a fazer é seguir a intuição e continuar nossa busca até encontrá-la. Não podemos nos contentar com os resultados das primeiras tentativas malogradas e aceitar menos. Temos de insistir na busca, recomeçar um sem-fim de vezes e realizar a trajetória do herói.

A vida quer sentir nosso inconformismo, nossa tenacidade e nossa sede de plenitude. Verdade, a vida não dá atenção a projetos inexpressivos, de fácil execução. A vida quer mais. Quer que estejamos conciliando percepção intuitiva e senso empreendedor. Quer transformação, cura, prosperidade, felicidade, saúde, sexo, plenitude, amor, romantismo, risadas, bom humor, doçura.

Se quisermos reescrever nosso enredo e viver uma vida significativa, temos de reverenciar a intuição e fazer de tudo para melhorar nossos canais emocionais com essa valiosa voz interior. Caso contrário, fica mais simples comprar um mapa e nos orientar de acordo com as indicações geográficas. Passaremos a ser apenas o que o mapa adquirido nos sugere para ser, nada além disso.

Por mais dinheiro que tenhamos, o poder nunca conseguirá comprar de forma efetiva uma história, amigos, amor. Um homem pode entrar em uma casa de prostituição e pagar um programa. Porém, jamais comprará afeto. Porque afeto a gente ganha. E amor se conquista, acontece, é um presente da própria existência, independe de nossa situação financeira. Uma mulher pode gostar de um homem e se casar com ele. Mais cedo ou mais tarde, a alma dessa mulher cobrará a falta de amor no relacionamento. Mesmo porque a alma não se contenta com medidas paliativas para suprir carências ocasionais. A alma quer o que faz sentido para ela, na medida certa. Ela não precisa tampar o sol com a peneira. Ela sabe o que acontece em seu território. Gostar de alguém é insuficiente quando a alma está pronta para vivenciar um relacionamento profundo, com sua base erguida na honestidade e na verdade. Uma escolha conveniente que, na aparência, esteja dando certo não diminui a tristeza que a alma sente e esconde. Precisamos estar atentos em relação a essas barganhas desleais que fazemos conosco.

Em geral, alguém que abafou e calou a própria alma encontrará meios escusos de sabotar seus sonhos e garantir a si mesmo que esteja trilhando um caminho interessante. Uma escolha pode até ter lá seus atrativos, mas, mesmo com todos os seus efeitos pirotécnicos e carnavalescos, ela continuará não sendo o caminho que escolheríamos na intimidade. As vantagens de um caminho apenas interessante não apagam da alma o verdadeiro que fora abandonado numa encruzilhada qualquer. Nada pode apagar a verdade. Ela permanece conosco, tatuada na consciência, nos acusando da covardia e pedindo, encarecidamente, que a ressuscitemos das cinzas. A verdade quer sempre recuperar o tempo perdido, o tempo em que esteve fantasiada de mentira. Podemos rasgar nossa verdade e esconder cada pedaço dela embaixo de dezenas de tapetes persas. Ainda assim, por mais habilidosos que sejamos para nos enganar, a alma saberia levantar todos esses tapetes e reconstituir a verdade. A alma, se recebesse nosso consentimento, nosso sinal verde, saberia como recomeçar e retomar seu legítimo caminho.

Podemos ter castelos, carruagens, cavalos, cofres lotados, criadagem: mas o que adianta termos todo esse aparato se não podemos usufruir de integridade nem contar com a nossa verdade e, pior de tudo, se nossos alarmes instintivos estão enfraquecidos pela descrença que lhes confiamos e pelo uso inadequado?

Uma ilusão circense.

De um lado está a plenitude confortante e na outra extremidade está o vazio angustiante.

Transitamos nessa corda bamba esticada entre esses dois patamares: a plenitude e o vazio. São escolhas difíceis. Um equilíbrio difícil para o corpo manter; no entanto, se o corpo se apoiar na intuição, conseguirá realizar com total tranquilidade a travessia do vazio até a plenitude. E, se o corpo se distrair com os ruídos externos, despencará da corda e terá de recomeçar a travessia partindo do vazio angustiante.

> Se fizermos e fortalecermos amizade com a nossa intuição, ela nos responderá a todas as perguntas antes mesmo de sua elaboração: dirá quando estamos diante de um amor ou de uma paixão inconsistente; dirá quando temos de virar a mesa e aceitar uma oferta; quando convém ou não confiar em alguém; quando temos de dizer não, mesmo que essa recusa venha a representar alguns aparentes prejuízos. A intuição dirá tudo, sem pestanejar, por mais difícil que seja, para nós, ouvir uma ou outra resposta.

Para sentar-se conosco à mesa, convido a Clarissa Pinkola Estés (1999, p. 143-144), uma analista junguiana de tirar o chapéu e fazer milhares de mesuras. Por sinal, a Clarissa aceitou o convite de banquetear conosco e trouxe inclusive uma bandeja de parágrafos macios.

Pode servi-los, Clarissa.

> Imaginemos um bufê com creme *chantilly*, salmão, rosquinhas, rosbife, salada de frutas, panquecas com molho, arroz, *curry*, iogurte e muitos, muitos outros quitutes colocados em mesa após mesa. Imaginemos que examinamos tudo e vemos algumas coisas que nos agradam. Podemos comentar com nossos botões: "Ah! Eu realmente gostaria de comer um pouco daquilo, e disso aqui, e um pouco mais daquele outro prato".
>
> Alguns homens e mulheres tomam todas as decisões da vida dessa forma. Existe ao nosso redor um universo que acena constantemente, que se insinua nas nossas vidas, despertando e criando o apetite onde antes havia pouco ou nenhum. Nesse tipo de escolha, optamos por algo só porque aconteceu de este estar debaixo do nosso nariz naquele exato momento. Não é necessariamente o que queremos, mas é interessante; e, quanto mais examinamos, mais irresistível ele nos parece.

> Quando estamos ligados ao *self* instintivo, à alma do feminino que é natural e selvagem, em vez de examinar o que por acaso esteja em exibição, dizemos a nós mesmas: "Estou com fome de quê?" Sem olhar para nada no mundo externo, nós nos voltamos para dentro e perguntamos: "Do que sinto falta? O que desejo agora?" Perguntas alternativas seriam: "Anseio por ter o quê? Estou morrendo de vontade do quê?". E a resposta costuma vir rápido. "Ah, acho que quero... na verdade o que seria muito gostoso, um pouco disso e daquilo... ah, é, é isso o que eu quero".
>
> Isso está no bufê? Talvez sim, talvez não. Na maioria dos casos, provavelmente não. Teremos de ir à sua procura por algum tempo, às vezes por muito tempo. No final, porém, iremos encontrar o que procuramos e ficaremos felizes por termos feito sondagens acerca dos nossos anseios mais profundos.

Obrigado, Clarissa, por trazer essas iguarias de uma maciez inacreditável. Por um instante, tive a sensação de estar mastigando uma nuvem. A Clarissa, inclusive, no trecho transcrito se refere à primeira pessoa do plural, dirigindo-se às mulheres, isso porque esses parágrafos foram colhidos de seu livro *Mulheres que correm com os lobos: mitos e histórias do arquétipo da mulher selvagem*. Nenhum problema. Podemos muito bem incluir os homens, relevando a abrangência psíquica da alma. Por sinal, o livro inteiro orquestra um hino aos contos de fadas.

Aproveitando o gancho de nossa amiga de Jung, continuo a desdobrar o assunto.

A intuição existe para orientar nossas escolhas e, sobretudo, para não nos deslumbrarmos diante de um lauto banquete. Se colocarmos no prato tudo o que nossos olhos aprovam, será mais do que óbvio que, passada a comilança imperial, nosso estômago desaprovará o exagero. Se o que queremos não está disposto no banquete, à mostra de nossos olhos, convém que aprendamos a esperar em vez de ir engolindo as pessoas e os acontecimentos que não existem e nunca existiram em nosso apetite real.

O ato de parar diante de escolhas cruciais a fim de encurralarmos a alma no beco de nossas verdades mostra-se uma postura sábia, um gesto de quem compreendeu o sentido da fábula *A Lebre e a Tartaruga*, de Esopo (1993, p. 20-21). A tartaruga pode ser discreta e menos ligeira, mas sabemos que seus passos firmes e regulares a levarão aonde quer ir, garantindo, desse modo, a vitória. Agora, a lebre pode ser dotada de maior ligeireza e beleza, só que ela tem vaidade demais, acaba distraindo-se demais na corrida e, com isso, perde a aposta que fez com a tartaruga. Essa fábula me encanta de tal forma que a recontei no livro *Devagar e sempre, Tarsila segue em frente* (2021). É evidente que, no território psicológico, a tartaruga representa a intuição e a lebre representa a aparência.

Pois essa é a função da intuição: servir de bússola à nossa alma e orientar toda a nossa existência. Lembro-me de que, aos catorze anos, quando comecei a escrever, tudo sugeria que eu seguisse outro caminho. Mas eu já havia decidido: queria viver de direitos autorais, viver para a literatura. Só contava com essa certeza, com mais nada e mais ninguém. A certeza que existia dentro de mim era muito real para ser abandonada num porão da mente. Era algo forte o bastante para sustentar meu equilíbrio na travessia da corda bamba. Eu precisava convencer a sociedade de que aquilo era meu sonho, fazia um sentido enorme para mim e não estava disposto a abrir mão dele. Houve obstáculos e uma série de propostas sedutoras, mas apenas eu podia entender o que me seduzia, a minha verdade. Continuei, pois sabia que precisava convencer o universo de que era merecedor de viver de direitos autorais, de que precisava escrever e criar para continuar vivo. Consegui conquistar o apoio de meus pais somente quando eles se deram conta do tamanho de minha obstinação e começaram a ver surgir alguns resultados. Era investimento e empenho demais. Não fazia sentido dar errado. Era como se eu estivesse descobrindo uma verdade que estava encoberta dentro de mim e que só eu conseguia ver. Para mim, virar escritor profissional foi a prova mais bonita, contundente e genuína que o Universo me deu do poder da intuição.

Às vezes, fico conversando com uma fileira inteira de botões: quem tem o direito de zombar dos sonhos alheios? Por que as verdades mais bonitas estão num lugar tão profundo dentro da gente? Por que ficamos com uma sensação gostosa quando seguimos a intuição? Por que a paz de espírito é proporcional à fidelidade que temos para com a intuição? Bem ou mal, sabemos o que está acontecendo conosco porque a intuição nunca desaparece totalmente, por maior que seja a mudez na qual ela se viu confinada. Ela pode estar esquartejada, mas, com nosso apoio, a intuição reúne seus visíveis e invisíveis fragmentos para sair da lama psíquica. Ela levanta e ergue nossa cabeça para enxergarmos o que fizemos de nós e o que podemos desfazer para ingressar em um ritual de recomeço.

Em seu livro *Tarô dos índios: as cartas totêmicas*, a fisiognomonista (que estuda o rosto humano) Valquiria Martinez apresenta a carta do cachorro como símbolo da lealdade afetiva. O cachorro sabe servir e dedicar um amor incondicional ao dono, aconteça o que acontecer. Ele, sim, sabe ser leal. E a relação que temos com a nossa alma precisa aprender com o cachorro, precisa unicamente de lealdade, de lucidez e senso prático para separar o que é ilusão daquilo que é verdadeiro para nós.

Lealdade, princípios, sutilezas, certezas...

Só saberemos andar no caminho certo se formos engolidos pelo Lobo Mau. Temos de passar pelo ritual da iniciação, pelo arco do aprendizado. Temos de ficar temporariamente refletindo na barriga do lobo, na escuridão, separados de nossa voz interior para entendermos a força e a importância dessa habilidade congênita, o coro das vozes da consciência.

O Rei pode desaparecer com todos os fusos do reino, mas não pode transferir sua intuição conquistada e aguçada à filha. De certa forma, o que o conto *A Bela Adormecida* sugere é que, indireta e inconscientemente, a princesa permitiu que uma das fadas não fosse convidada à festa de seu nascimento e por isso ela teve de arcar com as consequências de tamanha rejeição. Ela teve de cumprir a sina e furar seu dedo no fuso para dormir por cem anos. Só assim ela pôde incorporar em sua personalidade o poder intuitivo e aprender a tomar cuidado com os predadores sociais e pessoais. Uma conquista que a Bela Adormecida e a Chapeuzinho Vermelho tiveram e terão de empreender sozinhas. Se a estrutura de todo conto de fadas promete a felicidade para sempre, isso significa que, nesse longo caminho simbólico, a Bela Adormecida, a Chapeuzinho Vermelho e nós mesmos poderemos perder novamente o contato com nossa intuição, ou seja, a construção de nosso Eu continuará indefinidamente, precisando de constantes reparos. Mais um motivo para cuidarmos da voz de nossa consciência. Sim, mais um motivo para apreciarmos essa canção suave, penetrante, sagrada.

O mais surpreendente de tudo é que, se observarmos atentamente as personagens dos contos de fadas, veremos que elas são autênticas consigo mesmas, que não estão preocupadas em sabotar os próprios sonhos e valores. Elas encaram as situações de frente e pagam o preço pelas suas decisões. No conto *As três penas*, por exemplo, o Rei está velho e decide escolher quem, dentre os três filhos, herdará o reino. Ele afirma que o filho que trouxer o tapete mais bonito subirá ao trono. Então o Rei assopra três penas e os filhos partem seguindo suas direções. Um vai para o Leste. Outro para o Oeste. E o Bobalhão vê sua pena cair a poucos metros. Os irmãos mais espertos riem do fato de a pena voar tão pouco e logo cair. Acontece que essa pena nada inocente cai próxima a um alçapão. O Bobalhão ergue o alçapão e descobre um mundo subterrâneo cheio de sapos que lhe dão um lindo tapete, depois um lindo anel e por fim uma linda esposa.

Sim! Tudo estava perto dele.

Tudo sempre esteve dentro dele.

Ele só precisava chamar, perguntar, pedir, fazer um movimento.

E por que o Bobalhão recebe esse apelido? Certamente, porque acredita nos potenciais de seu mundo interno enquanto os irmãos acreditam somente nos fatos apresentados pelo mundo externo. A sua pena voa pouco porque a intuição está a seus pés, dentro dele mesmo, e o caminho para conquistar o trono é o de confiar na intuição, o de perguntar a si o que fazer para conseguir o tapete mais bonito, o anel mais bonito e uma bonita esposa. Ele apenas faz uso de um potencial congênito: pergunta e recolhe a resposta como recolheria uma maçã bem vermelha do pé.

E também porque o Bobalhão sabe que as penas que voam longe ampliam a circunferência da ilusão. Elas reproduzem uma miragem. Mostram que a fruta do pomar do vizinho tem mais sabor, que a canja do vizinho tem um cheiro mais apetitoso, que o sucesso do vizinho tem um brilho espetacular.

O Bobalhão ri dessa miragem.

Ele sabe que dará a volta ao mundo para chegar a um único ponto.

Ao seu coração confiante e alerta.

E, intuitivamente, essa certeza lhe basta.

13

Mergulhando na piscina das palavras

> Todo menino coleciona alguma coisa: figurinhas, carrinhos,
> pedras, medalhas, insetos, moedas, espantos.
> Francisco colecionava águas.
> Sabia ele que, assim como não existem ares iguais,
> pessoas iguais e terras iguais, não existiam águas iguais.
>
> Elaine Pasquali Cavion[14]

O que o Rei Sapo faz no fundo do poço? O que a Rapunzel faz no alto da torre? O que a Branca de Neve faz num caixão de vidro? O que a Chapeuzinho Vermelho e a vovozinha fazem na barriga do Lobo? O que o Pequeno Polegar faz na barriga da vaca e na barriga da raposa? O que a Bela Adormecida faz imersa num sono secular? O que os irmãos João e Maria fazem na casa da bruxa? O que a bruxa faz no forno?

Acredito que essas personagens fiquem ruminando intermináveis pensamentos. Mas algo ainda me intriga: o que tanto esses instantes de aparente silêncio escondem e preparam? O que tanto essas personagens fazem num processo de inércia, num trecho da história aparentemente nulo, desprovido de ação?

---

14   *In*: CAVION, Elaine Pasquali. *O colecionador de águas*. Ilustrações de Lúcia Hiratsuka. São Paulo: Cortez Editora, 2012. p. 6.

Elas devem vivenciar um período letárgico, introspectivo, aqueles famosos passos para trás que preparam um salto. Talvez sejam esses os momentos em que o trabalho psíquico nessas personagens se mostra mais intenso. São momentos de alquimia emocional, em que um balde é atirado num poço que existe dentro da gente a fim de buscar uma resposta nas águas profundas do nosso Eu.

O simbolismo dos contos de fadas revela as características humanas e a maneira como somos regidos por ciclos ininterruptos de reflexão e ação. Ou melhor dizendo: sem a reflexão, a ação se dá de maneira desconjuntada e impensada. Já com a reflexão (a pausa para interrogar a consciência e separar a verdade da ilusão), a ação se dá de maneira coordenada, inteligente e planejada para a felicidade, para um desfecho satisfatório de todas as ações.

São nesses instantes de aparente silêncio que as personagens entendem a dimensão de seu papel, vasculham em suas gavetas internas e fazem os bordados de mistério. De repente, tudo parece tão monótono em alguns trechos da história, mas nos damos conta de que atrás dessa aparente monotonia, desse marasmo todo, esconde-se uma fúria avassaladora, um vulcão em erupção fazendo jorrar lavas e faíscas simbólicas. Será que as crianças entendem a linguagem dos símbolos? Elas não saberiam explicar e verbalizar o entendimento que conseguem alcançar, mas, num nível profundo, elas sentem e entendem cada elemento da história como se tudo aquilo estivesse acontecendo em seu organismo. Por exemplo, elas entendem que o caçador matando o Lobo simboliza alguém reunindo forças para superar e vencer alguma dificuldade. Elas entendem que o fato de Branca de Neve estar num caixão de vidro simboliza que ainda está viva, que algo a separa da vida e precisa ser removido por meio de um beijo, de uma atitude afetiva dirigida para o outro. Agora, se explicarmos a elas o simbolismo de cada elemento na história, certamente estaremos desmantelando a beleza da própria história. Além do fato de que tais explicações racionais seriam descabidas, já não serviriam como imagens para povoar e urbanizar seu imaginário.

Quando acaba uma sessão de histórias, as crianças levam consigo o cerne simbólico dos enredos e passagens que as impressionaram fortemente. Esse material simbólico passa do consciente para o subconsciente, depois para o inconsciente e, bem aos poucos, vai constituindo a argamassa do seu imaginário. O material mesmo que servirá para amparar suas decisões.

Vamos voltar um pouco no passado para recuperar essa sensação. Você se lembra das vezes em que ouviu histórias? Todas as pessoas ao redor desapareceram, o ambiente desapareceu e você, transfigurado, via tudo acontecer. Daí, a sessão de histórias acabou e você voltou para casa com um tesouro, com uma sensação gostosa demais, uma identificação secreta com todos os elementos da história. Essa sensação de ter sido engolido pela história e de retê-la em nosso âmago indica a grande repercussão que esses elementos encontram em nosso imaginário. Isso porque nós nos identificamos com o conto inteiro; porque, nesse processo natural de identificação, somos a Branca de Neve e, ao mesmo tempo, a madrasta malvada, o espelho mágico, o caçador, a fera que o caçador mata para retirar-lhe o coração, a floresta espessa, a casa pequenina, cada pratinho, cada copinho, cada cama, os Sete Anões, o corpete de tecido multicolor, o pente envenenado, a maçã envenenada, a preocupação dos anões e sua tristeza diante da morte, o caixão de vidro com letras de ouro, o príncipe, o amor do príncipe, os criados, um tropeção, a maçã saindo da garganta, o pedido de casamento, a festa, o ódio da madrasta, a madrasta tendo que dançar com sapatos de ferro em brasa, a morte trágica da madrasta.

Enfim, quando ouvimos *Branca de Neve*, somos essa miscelânea de imagens, seres e sentimentos. Somos dúvida e certeza, bem e mal, vida e morte, alimento saudável e maçã envenenada. Somos objetos e emoções. Somos o conto inteiro, integralmente.

Sem dúvida alguma, ouvir um conto de fadas mexe conosco, faz com que não tenhamos nenhuma culpa ao sentir ódio, raiva, inveja, medo, cobiça, gula ou tristeza. E a naturalidade com que todas essas emoções afloram do conto nos deixa extremamente à vontade para vivenciar nossa humanidade sem subterfúgios emocionais. Ficamos livres para errar, recomeçar e rir de nossa fragilidade. Quando a criança ouve uma história, é como se o contador colocasse diante dela um espelho e ela apreciasse a sua imagem pela primeira vez, calmamente, pesquisando cada traço facial, apalpando, sentindo o volume, a temperatura da pele e assim por diante. Atenta à narração, a criança se esquece totalmente da figura do contador de histórias e fica ocupada em confrontar seus conflitos pessoais com os diversos conflitos levantados no enredo do conto apresentado. Isso atesta que um contador de histórias competente precisa esquecer de si, da imagem que o ouvinte construirá de sua figura, para ir ao encontro da história, das emoções de seus ouvintes.

Um exercício para virarmos bons contadores é aproveitar uma situação do dia a dia, quando contamos um fato corriqueiro aos demais, e enfeitar o pavão, instigar, sonegar temporariamente algumas informações importantes para criar um clima de suspense, ou estender e curtir o enredo em vez de pular fatos e ir direto ao final. O ouvinte ficará febril para saber como acaba.

Ganhamos segurança para brincar com as palavras. Quanto mais contamos histórias, mais e mais hábeis e íntimos ficamos com as possibilidades linguísticas de narrar um conto e aumentar um ponto, uma infinidade de pontos. Noam Chomsky denominou gramática gerativa o que, grosso modo, representa as infinitas possibilidades linguísticas que brotam da união entre a competência linguística do falante nativo e os recursos comunicativos de uma gramática convencional; ou seja, as palavras arranjadas num contexto linguístico que jamais se repetirá (ou, no caso da comunidade surda, os sinais realizados num contexto linguístico que jamais se repetirá).

O tempo também nos traz a certeza de que a fantasia não tem limites, que nossa palavra (nosso gesto) pode transpor todas as fronteiras da realidade e levar a plateia a lugares espetaculares. Uma questão de engajamento. Uma questão de não ser só uma boca falando (duas mãos expressando) num blá-blá-blá chocho, e sim ser uma boca (duas mãos), um corpo e uma alma vibrante e apaixonada pela história que se está contando.

Uma vez, em Rubineia (a cidade dos poetas, SP), uma educadora perguntou-me quais eram os fundamentos teóricos para um educador contar uma história com eficiência. Poderia ter dado a ela uma série de sugestões funcionais sobre a arte de contar histórias; no entanto, o lado selvagem dessa educadora carecia de uma colocação totalmente inversa à obviedade da resposta que poderia ser destacada da própria pergunta. Naquele instante, nem sei por que motivo, paralisei o tempo e fui buscar num lugar secreto dentro de mim a resposta que, intimamente, todos desejávamos:

– O que uma arte mais precisa é de liberdade. Somente de liberdade, nada mais. Portanto, se quisermos nos aproximar de qualquer manifestação artística, precisamos praticar alguma atividade que nos devolva a sensação de liberdade, algo que nos aproxime de nós mesmos e que nos deixe lindamente livres para expressar quem realmente somos. No meu caso, consegui essa liberdade toda reatando os laços afetivos com a piscina. Embora ame e precise do mar, a piscina exerceu um fascínio incomensurável na minha infância. Um fascínio maior do que o próprio mar. Felizmente, já faz algum tempo que redescobri essa bonita relação. E, como escrevo em casa, posso conciliar trabalho com lazer. Sempre que o sol entra dentro de meu escritório, ele adesiva um convite no vidro, um convite para eu nadar. Geralmente, esse convite chega antes do almoço, quando está na hora mesmo de fazer uma pausa. Fico uns quarenta minutos brincando com a água. Nado de ponta a ponta, nado por debaixo d'água e fico observando os desenhos que o sol faz nos azulejos azuis, acompanhando a pulsação desses desenhos solares. Depois fico rezando, em comunhão com o silêncio da água, conversando honestamente com minha consciência, com meus pensamentos, com Deus. Então me esqueço completamente de tudo e sinto uma liquidez deliciosa brincando em meu coração. Uma vontade de nadar outra vez e ouvir meu corpo brincando e dialogando com a água. E mergulho, e viro cambalhota, e nado rápido, devagar, pesquiso ritmos, sigo os desejos de minha musculatura, o movimento de minhas pernas querendo traçar arcos, brincar e simplesmente alongar. Braços, barriga, coxas, pés e rosto executando uma sinfonia. Uma completude maravilhosa, um momento muito meu. Aliás, deixo de ser eu e passo a ser a água, passo a ter uma identidade transparente numa simbiose bastante sutil e gostosa de ser vivenciada. Consigo dançar com a água, tenho a impressão de que mergulho em meu inconsciente e fico analisando meus defeitos, minhas angústias, minhas alegrias. Sim, realizo uma dança sem plateia, sem testemunhas. Posso errar todos os passos, explorar todos os movimentos que o corpo pede. Depois, sinto o contato da água em minha pele e entendo a dimensão da nudez. Sinto que nado no líquido amniótico da Criação, sinto que a água nada exige de mim, que ela apenas quer que eu vivencie a plasticidade de minha personalidade pouco explorada. Às vezes estou nadando debaixo d'água e paro para escutar a canção de silêncio que a água canta. Outras vezes, fico curtindo a magia da articulação corporal, sentindo os braços, as pernas e os dedos articularem-se de acordo com as breves e concisas ordens neuronais enviadas. São vontades súbitas. São pausas líquidas. Só sei que toda essa relação bonita e subjetiva que tenho com a piscina alarga minha atuação profissional, faz com que eu conte histórias com uma plenitude peculiar. Enfim, para trabalhar com arte, ou melhor, para ser essencialmente artista, é necessário recuperar a liberdade, a felicidade, a coragem de abrir muitas portas de nosso mundo interior. O educador precisa, antes de tudo, deixar a autoridade de lado e entender a dimensão de sua sexualidade, de seus desejos e aspirações. Enquanto o educador não encarar sua sombra honestamente, o alunado jamais conhecerá e ouvirá uma história na íntegra, de alma para alma, de amigo desarmado para amigo desarmado, de coração desarmado para coração desarmado. Sem nenhuma pedra nas mãos.

Sei que ela, a tal educadora, entendeu que teria de trabalhar primeiramente consigo, tendo como ponto de partida suas emoções. Entendeu que seus alunos só ficariam felizes nas aulas quando ela descobrisse um caminho que a levasse à felicidade. Feito isso, ficaria simples destrinchar os fundamentos teóricos para aprimorar os demais objetivos profissionais específicos de cada área.

A gente ouve muito falar que fulano tem bagagem, beltrano tem bagagem. E se falamos isso é porque reconhecemos que tais pessoas têm uma bagagem subjetiva que lhes possibilita brincar com suas capacidades profissionais e ir além do previsível, além daquilo que todo mundo faz e repete só porque deu certo uma, duas ou mais vezes.

Só sei que redimensionei minha relação com a arte recuperando e fortalecendo os vínculos afetivos com a piscina. Outro profissional conseguirá essa felicidade e esse aprimoramento de desempenho profissional de outras formas. Isso tudo pode acontecer dançando, pintando cerâmica, fazendo escultura, escrevendo cartas, mexendo na terra, cultivando um jardim, uma horta, um pomar, costurando, amando, recebendo amor, caminhando na praia, contemplando a natureza, sendo voluntário em alguma instituição ou simplesmente preparando uma refeição para a família e os amigos.

Na verdade, cada um sabe o caminho que o tornará mais livre para atuar profissionalmente. E esse caminho para a felicidade tem de ser trilhado diariamente, com afinco e seriedade. Além, é claro, de nos credenciarmos do suporte teórico que alicerça nossa profissão.

Esse é um segundo passo. Primeiro nós estreitamos uma amizade duradoura com a voz de nossa consciência, a intuição, e só depois disso sabemos que estamos preparados para dar o segundo passo, para mergulhar nas águas de nossa identidade, de nossa liberdade; afinal de contas, o que adianta mergulhar se não conseguimos ouvir e entender a intuição?

Felizmente, não existe um mapa comum para a liberdade. Cada pessoa, no seu processo de autoconhecimento, acaba sendo o cartógrafo de sua subjetividade, mapeando o relevo, a hidrografia, a vegetação, as peculiaridades e a extensão de seus passos.

No período de 1930 a 1934, atendendo a um chamado de sua intuição, o médico inglês Dr. Edward Bach abriu mão de uma carreira promissora na Europa e seguiu para o campo. Ele viajou com o propósito de pesquisar novos remédios. Descobriu 38 remédios florais e escreveu as bases de sua nova medicina. O texto que embasa o uso do que ficou conhecido como *Os florais de Bach* é estarrecedor e revelador, um dos textos mais formidáveis, sensíveis e belos que já li até hoje. Devo ter relido umas setenta vezes o texto *Cura-te a ti mesmo: uma explicação sobre a causa real e a cura das doenças*. Com infindável alegria, reproduzo algumas palavras do Dr. Bach (1993, p. 20):

> Contanto que nossas Almas e personalidades estejam em harmonia, tudo é paz e alegria, felicidade e saúde. Mas o conflito aparece quando nossas personalidades são atraídas para fora da senda traçada pela Alma, por obra dos nossos desejos terrenos, ou pela persuasão dos outros. Esse conflito é a causa principal da doença e da infelicidade. Não importa qual seja a nossa condição neste mundo – a de engraxate ou de rei, a de proprietário ou de camponês, a de rico ou de pobre –, contanto que possamos cumprir essa missão específica segundo os desígnios da Alma, tudo está bem; e, mais adiante, podemos descansar tranquilos, sabendo que qualquer que seja o posto da vida em que sejamos colocados, seja ele superior ou inferior, contém as lições e as experiências necessárias para esse momento da nossa evolução e proporciona as melhores vantagens para o nosso desenvolvimento.

Bach entendia perfeitamente que manter a saúde requer a ousadia de mergulhar nos desejos sinceros da Alma e entender o que ela precisa para nutrir sua liberdade. Essa sábia observação evidencia um postulado que diariamente buscamos na educação: o desejo de formar homens que saibam conciliar ciência, ética e poesia.

Bem mais fácil ficar doente e afastar de nossos olhos as raízes psicológicas da doença que nós mesmos plantamos. Bem mais fácil cobrir o espelho e deixar de ver os defeitos, as fragilidades, os vazios. Bem mais fácil abrir mão da liberdade e simular felicidade. Bem mais fácil desistir de um caminho significativo e rascunhar um roteiro simplório e fácil de ser trilhado. Difícil é assumir que somos nós que aceitamos a entrada da doença em nossa vida, que somos nós os responsáveis pela originalidade ou mediocridade de nosso roteiro.

Precisamos entender que o herói do conto de fadas sofre, é perseguido, tem dúvidas, chora, pensa em desistir, mas, acima de tudo, tem gravado no fundo de sua consciência um mapa de liberdade. Ele pode estar no limiar de suas forças físicas e psicológicas, mas a consciência o ajuda a reunir toda a coragem que há dentro dele e o estimula a seguir em frente.

Isso nos lembra *Os músicos de Bremen*. O burro, o cachorro, o gato e o galo estão velhos, inúteis e desprezados pelos seus donos; no entanto, a fim de evitar um final trágico, os quatro animais somam suas forças para expulsar os ladrões de uma casa em que havia comida e bebida à vontade, ou seja, por meio da união, os músicos de Bremen deixam a velhice psíquica para recuperar o vigor da juventude psíquica: a saída do isolamento e o enfrentamento de situações novas.

Com Cinderela acontece uma situação semelhante. Ela pode ser rejeitada, ironizada e dormir no meio do borralho, mas algo lhe garante que terá belos vestidos, dançará com o príncipe, calçará seu sapatinho oportunamente perdido na escadaria e se casará com esse príncipe. E é justamente essa coragem de mergulharmos na piscina de nós mesmos e lermos as tatuagens gravadas no fundo de nossa consciência que abre os canais emocionais para a saúde, a felicidade e a liberdade.

14

O amor e a sabotagem afetiva na trajetória do herói

A sabotagem afetiva cria um universo caótico de porões,
passagens secretas, corredores extensos, alas sombrias
e cofres com senhas difíceis de memorizar.
Em contrapartida, o amor edifica uma casa simples, arejada,
iluminada e feita para acolher. São escolhas bem sutis entre simular
a plenitude afetiva e simplesmente amar.

Mikhail Uskhabellus[15]

O Gato de Botas já empreendeu uma via-sacra por todos os bares e telhados da cidade, já chorou todas as suas mágoas, já visitou três agências de matrimônio, já se cadastrou no *site* www.escolhaagatadeseussonhos.com.br e nada, não choveu nenhuma gata na sua horta. Nem nas redes sociais encontrou uma faísca de afinidade. Recorreu à lista telefônica. Epa! Seu pelo ficou eriçado. Estava no caminho certo. Gata Amarela do Rio Vermelho, Gata Angorá do Paraná, Gata Adorável de Humor Instável (nem pensar!), Gata Borralheira Cinderela. É essa!!!!!!!!!!!!!! O Gato de Botas desconfiava de que era detentor de todos os predicados felinos para amar e ser amado pela

---

[15] *In*: USKHABELLUS, Mikhail. *O amor escrito na pele dos astros*: a estrutura molecular do afeto. Tradução de Cláudio Luiz Dal Prá. 1.382. ed. Juiz de Fora: Franco, 2004. p. 484. (Coleção Reunindo os Pensamentos de Mikhail Uskhabellus).

Gata Borralheira Cinderela. Fingiu para si que sabia algo, que com ela estava pronto para realizar um caminho amoroso. Não pergunte como ele camuflou esse fingimento de si mesmo. Simplesmente fez um malabarismo com a sua identidade e agarrou-se a uma ideia desesperada de que sabia algo.

    O Gato lustrou suas botas, tomou um banho rápido, quer dizer, um banho de gato, e ligou para o número indicado. Foi a própria Cinderela quem atendeu. Eles começaram arrastando um papo-furado furadíssimo e acabaram a ligação rolando de rir. Já estavam entrosados. O Gato ficou dizendo um tchau que demorou mais de meia hora. O tchau de Cinderela, por sua vez, demorou quase uma hora. Era um tal de tchau para cá e tchau para lá, você desliga ou eu desligo, você me liga amanhã ou eu ligo amanhã; enfim, conseguiram desligar. O Gato de Botas deu dois suspiros e admirou sua imagem refletida na tela do celular. Depois, leu em voz alta o que havia anotado no papelzinho. Era o endereço do restaurante que virava e mexia a Cinderela frequentava. Atônito, olhou novamente para o papelzinho e para a caneta que segurava na pata esquerda. Naquele instante, movido por uma inspiração supersônica, o felino escreveu sua primeira carta de amor. Para a Gata Borralheira Cinderela, claro.

> Querida,
>
> Para você, quero dar um caminhão de almôndegas.
> E um passeio de patas dadas pelos telhados do bairro.
> Quero assobiar o miado melado de meu coração apaixonado.
> E, com você, quero rolar num mar de novelos de lã.
> Para você, produzirei milhares de tijolos.
> E erguerei o castelo de seus sonhos.
> Farei jardim.
> E farei o pomar para você saborear as frutas mais suculentas.
> Para você, escreverei poesias e tocarei gaita e saxofone.
> Aprenderei a fazer bolos macios e a consertar o interfone.
> Para você, tecerei um tapete mágico.

> E perderei o medo de altura para voar com você.
> Para você, farei uma bacia de pipocas sem piruás.
> E pescarei uma tonelada de sardinha para você devorar.
> E baixarei os filmes que você quer assistir.
> Sim, Gata, para você, contarei meus sete segredos.
> Farei muitos dengos e carinhos.
> E deixarei um monte de bilhetinhos no ímã da geladeira.
> E ficarei sem fazer nada para ficar com você.
> Só isso e tudo isso para ficar ao seu lado.
> Dançando com a felicidade.
>
> Seu amado Gato de Botas Getúlio M.

No dia seguinte, eles se encontraram e a paixão foi fulminante.

Até hoje o Príncipe e a Cinderela preparam, todo santo dia, a tigela de ração para o Gato de Botas. Ah! E nos fins de semana o Príncipe ainda engraxa as botas do Gato e vai à feira para comprar para ele um quilo de sardinhas frescas. A maior gamação pelo Gato de Botas Getúlio Murmúrio.

Como diz o poeta Leo Cunha (1998, p. 22-23): "E foram felinos para sempre".

O fato é que o Gato Getúlio nunca entregou a carta que escreveu e aceitou a proposta de ser o gato de estimação do casal principesco.

Não seria o momento de o Gato Getúlio cadastrar-se em outros *sites* de paquera virtual, buscar outras agências de matrimônio mais conceituadas e fazer efetivamente alguma coisa por si mesmo? Seria o momento perfeito, mas o medo da solidão fez com que ele achatasse sua necessidade de amar. Esse achatamento tem muitos nomes: sabotagem pessoal, mentira, ilusão social e medida provisória com cara de problema duradouro. Seria tão bom se o Gato Getúlio trabalhasse sua dor com honestidade e percebesse que não faria sentido aceitar jogar um jogo como observador.

Deixando as brincadeiras de lado e voltando à versão original de *Cinderela*, temos aí uma disputa entre a protagonista e as duas filhas da madrasta. As duas últimas valem-se de meios escusos para que seus pés entrem no sapatinho que pertence à bela Cinderela. A própria madrasta sugere a uma filha que corte o dedo fora e à outra que corte um pedaço do calcanhar. Dessa forma, o sapatinho acaba entrando nos pés mutilados das irmãs inescrupulosas. E, como num conto de fadas tudo está intrinsecamente encadeado, tais ardis são desvendados pelas pombas que denunciam o sangue nos sapatos das irmãs. O príncipe devolve as irmãs, uma a uma e, por último, experimenta o sapatinho no pé de Cinderela e a reconhece.

Tal imagem assegura os benefícios de uma relação honesta e as desvantagens de uma relação escusa. Suponhamos que uma das filhas da madrasta subisse ao trono e ocupasse um lugar social que sua consciência sabia não lhe pertencer. Ela perderia a chance de recuperar e conviver com sua naturalidade e teria de fazer um tremendo esforço para demonstrar qualidades opostas à sua personalidade. Obviamente, ela não conseguiria representar por muito tempo. As máscaras cairiam logo, e o príncipe distinguiria a mulher com quem gostaria de ter casado daquela com quem realmente casou.

No conto *A guardadora de gansos* encontramos uma disputa semelhante. Uma jovem estava prometida a um príncipe de um reino distante, e chega a época do casamento. A mãe lhe prepara o enxoval com roupas finas, joias e objetos de ouro e prata. Ela designa uma criada para acompanhar a filha na viagem e vai até seu quarto, faz um corte no dedo e pinga três gotas num lenço. Ela entrega esse lenço para a filha a fim de protegê-la durante a viagem. Despedem-se. A jovem monta em seu cavalo falante, a criada monta em outro cavalo e as duas iniciam uma longa travessia.

No meio da viagem, a criada revela-se desobediente. Vê a jovem abaixar-se para beber água no riacho e perder, sem perceber, seu lenço protetor. A criada aproveita o ensejo e não deixa a jovem montar no cavalo falante. Obriga que troquem os trajes, os cavalos e se faz passar pela jovem. Chegando ao castelo, o príncipe recebe a mão da criada pensando ser a jovem destinada a ele, enquanto a verdadeira noiva fica no pátio. O Rei nota os gestos delicados da jovem que acompanhava a noiva do filho.

A criada, já ocupando a posição de princesa, pede ao príncipe que mate seu cavalo falante e arranje uma ocupação para a criada que a acompanhou. A verdadeira princesa, no lugar de criada, passa a trabalhar como guardadora de gansos na companhia de Conrado, um rapazinho que lhe ajuda na empreitada. Ao descobrir que seu cavalo falante fora morto, procura o magarefe e oferece a ele uma peça de ouro para que coloque a cabeça do cavalo numa passagem em arco por onde passava todos os dias conduzindo os gansos ao lado de Conrado. O rapaz estranha o fato de a jovem conversar com a cabeça do cavalo toda vez que passavam pelo arco. E mais: estranha o fato de a cabeça responder às palavras da jovem. Além disso, atraído pelos cabelos dourados da jovem quando ela o penteia, quer porque quer um fio. Só que, toda vez que ele se aproxima, a jovem canta, e o chapéu de Conrado sai voando até ela terminar o penteado.

Incomodado com tantos aborrecimentos, Conrado procura o Rei e conta-lhe tudo. O Rei pede ao rapaz que, no dia seguinte, faça tudo costumeiramente e constata com os próprios olhos a veracidade dos fatos. Ele chama a jovem e pergunta se há alguma coisa de errado com ela. Como está ameaçada de morte pela criada se revelar a farsa, ela se esquiva. O Rei lhe pede para entrar na lareira e desabafar todas as lembranças penosas que andava guardando dentro de si. E é o que a jovem faz. Do lado de fora, o Rei cola os ouvidos na chaminé da lareira e descobre toda a verdade. A farsa é desvendada e resolvida. A guardadora de gansos assume o trono. A falsa princesa, então, recebe num banquete real uma charada para responder. O Rei conta-lhe uma história parecida com os conflitos passados pela verdadeira princesa e pede a ela para julgar o caso:

– Essa pessoa merece a morte.

– Pois você acaba de dar sua sentença.

Nesse conto espetacular repete-se o esforço vão de alguém querendo ocupar um lugar que não lhe pertence por direito e por mérito pessoal. Além de que ele evidencia a insensatez em manter uma relação que só existe enquanto projeção ilusória no universo íntimo da criada (da falsa princesa). O príncipe, nesse caso, não tem expressão alguma porque, no contexto simbólico do conto, ele representa seu papel de cônjuge apenas para deixar sobressair a ilusão da criada e não porque esteja ligado a ela por vínculos afetivos.

Fica claro que a jovem prometida ao príncipe (a verdadeira princesa) suporta sua dor por um bom tempo e compartilha essa situação dolorosa com a cabeça do cavalo falante. Só que a cabeça do cavalo encontra-se decepada, arrancada do corpo, mostrando que algum território do inconsciente da jovem está querendo chegar à consciência. Embora ameaçada de morte e procurando preservar a vida, essa jovem morre a cada dia por não expandir sua afetividade. Ela consegue essa proeza sinistra até o momento em que, no interior da lareira, aceita a sugestão do Rei e verbaliza para si o segredo. Com essa revelação, ela opta por deixar de temer a ameaça de morte para reconquistar sua capacidade de amar, de unir o corpo à cabeça, de entender a dimensão de seus desejos e fazer uso de sua feminilidade.

Herói contemporâneo

A criança sabe que, se acaso sabotar seus projetos pessoais, não sairá impune da farsa que preparou para si e o feitiço recairá sobre o feiticeiro. Esse simbolismo armazenado motiva a criança a reproduzir a trajetória do herói e a identificar-se ainda mais com seus atributos positivos. Quando se fala em herói, dá a impressão de que estamos nos referindo a um homem de armadura montado em um cavalo branco. Por favor, apaguemos essa imagem estereotipada do herói medieval.

Afinal, quem é o herói contemporâneo?

É uma pessoa comum, é qualquer um de nós, é quem está nos guetos, desce dos morros e ganha salário-mínimo para sustentar uma enorme família, é quem levanta de madrugada e só chega do trabalho à noite, é quem completa trinta, quarenta ou cinquenta anos de casado e passa por todas as intempéries de um relacionamento conjugal, é quem está refugiado em outro país, é quem se espreme no trem, no ônibus e no metrô, é quem conta as moedas para comprar o pão, o leite, o básico, e, mesmo assim, ainda se empenha na construção diária de seu imaginário e de sua afetividade.

Pertencer a uma classe desprivilegiada socioeconomicamente não implica em ter um córrego e alguns barracos no imaginário, de maneira alguma; o enriquecimento do imaginário independe da situação socioeconômica.

E também os pais de um presidiário, o próprio presidiário, a esposa que apanha do marido, aquele que quer deixar as drogas, o alcoolismo, a depressão, a prostituição, o desamor, a inércia, vivem e reproduzem, por sua vez, a figura do vilão tentando inverter seu papel, o de passar para o lado do herói, de incorporar e recuperar as características intrínsecas de herói de que toda pessoa é dotada. Trata-se, nesses casos, de um drama invisível que é sentido no útero da vilã, nas entranhas do vilão.

Sempre sabemos em que lado estamos, se é do lado do bem ou do lado do mal. Podemos convencer o mundo inteiro de que representamos o bem, mas o que adianta todo esse teatro se, para nós mesmos, somos uma farsa?

Vale lembrar que trazemos conosco o bem e o mal e, sobretudo, que não somos essencialmente bons nem essencialmente maus. Somos um e outro. Podemos escolher, usufruir de nosso livre-arbítrio, entender as tendências de nossa natureza antes de tomar quaisquer decisões. Em alguns momentos de nossa trajetória, podemos estar ocupando o lugar do vilão, traindo os ditames de nossa alma, e, em outros momentos, podemos estar centralizados, seguindo a intuição, o caminho secreto do herói que só mesmo a alma pode revelar.

Seria bastante conveniente se pudéssemos escolher quem gostaríamos de amar. Da mesma forma, seria também um absurdo se recebêssemos no nascimento um jogo contendo todas as peças de nossa trajetória. Nosso único trabalho seria o de unir as peças, ordená-las. Onde ficaria a contribuição de cada um? E o poder de transformação? Ficaria adormecido?

Reproduzir a trajetória do herói significa empreender uma viagem longa e diária ao centro de si mesmo, significa entender o que realmente queremos fazer de nossa existência e investir um esforço real para nos aproximarmos de um Eu mais pleno e significativo.

> O coração do herói sabe que nunca existirá um tempo de paz. Ele confia na mudança, na instabilidade, na existência do próximo conflito, do próximo dragão a ser morto pela sua espada. Ele sabe que, quando o adversário é rejeitado e morto, essa morte simbólica o ajuda a incorporar novos atributos emocionais à sua personalidade.

Isso quando se trata de simbologia, porque, se sairmos matando meio mundo por aí, além de acabarmos com a vida de nossos oponentes, também eternizaremos os adversários no cerne de nossa trajetória. E pior: deixaremos de trabalhar e incorporar os elementos da sombra que promovem nosso crescimento.

Felizmente, nós nos guiamos pelo instinto de amar. Podemos cair, sofrer decepções, perdas amorosas, e nem assim perdemos contato com o herói que habita nosso ser. Esse mesmo herói sabe que a construção do afeto (da reconciliação amorosa consigo mesmo e do encontro amoroso com o outro) leva tempo e exige perseverança, honestidade e a elaboração de um planejamento exequível que precisará ser levado a cabo com extrema disciplina e muito prazer. Caso o herói descuide da construção de sua afetividade, o dragão descobrirá seus pontos fracos e o engolirá repentinamente. O esforço feito até então de nada valerá.

Na verdade, sabemos que precisamos ser alfabetizados a cada dia para conseguirmos decifrar as mensagens que são enviadas diariamente aos aplicativos de nossa consciência. E, como em nosso imaginário construímos com perfeição a imagem de um herói saudável, fica fácil suplantar os conflitos e vivenciar as etapas de uma trajetória voltada à construção de uma intimidade afetuosa.

> Será mais simples amar quando compreendermos
> a eterna instabilidade da existência.
> Quando entendermos que nunca chegaremos a uma época
> regida pela estabilidade emocional.
> Estaremos sempre administrando e contornando
> dificuldades, empecilhos e contratempos.

*A partir do momento em que incorporarmos a instabilidade e entendermos a força e a imprescindibilidade de seu papel em nosso dia a dia, poderemos usufruir uma certa paz em nossos relacionamentos porque nosso esforço passará a ser contínuo e diferente em cada etapa de nossa busca por amor.

Uma busca que punirá de maneira inclemente toda sabotagem afetiva.

Por incrível que pareça, trilhar uma carreira de sucesso é bem mais fácil do que edificar e preservar um relacionamento saudável. E por que isso acontece? Porque a profissão nos traz resultados palpáveis periodicamente; agora, uma relação amorosa nos traz resultados impalpáveis. Podemos concluir que, sem apalpar os resultados de uma relação erguida a partir de bases honestas, nós descartamos a existência desses resultados. De fato, as certezas afetivas não concretizam nada, elas apenas deixam uma música deliciosa na consciência, uma sensação de que estamos assinando a autoria de nossa trajetória.

O universo afetivo não precisa colecionar e acumular cargas concretas.

Ele só precisa das certezas impalpáveis.

No caso de Cheherazade, ela estava imbuída de um amor altruísta quando decidiu frear a matança das mulheres solteiras de seu povo e se apresentou voluntariamente para se casar com o Sultão Chahriar. Em momento algum, Cheherazade sabotou seu afeto e, no entanto, ela anulou toda a força expressiva de sua feminilidade para relevar a sua humanidade e a de seu povo. Ela estava consciente dos riscos que corria e, pela narração de histórias sequenciadas por mil e uma noites, transformou em amor a cólera e o projeto de vingança do Sultão. O poder das histórias e a confiança nos avisos que Cheherazade recebia de sua intuição operaram uma cura no coração encolerizado do Sultão. Ambos, Sultão e Sultana, recuperaram a capacidade de amar e se mostraram maduros para desfrutar o convívio com os três filhos que tiveram juntos: os príncipes Bamã e Perviz, e a princesa Parisada.

O herói, na sua trajetória, segue o curso natural do amor.

Ele respira amor, pressente o amor, sabe como e onde encontrá-lo. A sociedade também.

Ela respira, pressente e reconhece o amor.

Eu e minha família recebemos um convite de casamento e ficamos surpresos com a singularidade com que fomos convidados. Sabíamos que estávamos diante de um convite irrecusável.

> Terminam o namoro de sete, oito ou, como acreditam alguns, de nove anos. Descontentes com a boataria sobre o eterno namoro, Carla e Marcilio esclarecem que não são regra nem exceção, também querem ser e viver felizes para sempre. Agora, se você, como nós, prefere ver para crer, não se acanhe. Está convidado a festejar o casamento mais esperado há anos. Vai ser no dia 15 de fevereiro de 2003, às 19 horas.
>
> Com a colaboração, o infinito apoio e a máxima dedicação de:
>
> Mitiaki Hosoi   Paulo Sussuma Kimura
>
> Alice Eico Hosoi   Atsuko Kimura

Esse belo convite de casamento mostra o desejo de amar com originalidade. Engraçado, geralmente na condição de convidados, fazemos nossas considerações e divagações acerca do relacionamento do casal. Fiquei tentando adivinhar quanto tempo a Carla e o Marcilio ficariam casados. Espero não estar enganado, mas, no casamento e mesmo durante a festa pude observar que havia química entre eles, uma alegria no ar, uma verdade no olhar. Fui atrás das datas de aniversários de casamento e descobri um mundo de comemorações e materiais.

Aniversários de casamento:

1 ano – bodas de papel
2 anos – bodas de algodão
3 anos – bodas de couro
4 anos – bodas de seda
5 anos – bodas de madeira
6 anos – bodas de ferro
7 anos – bodas de latão
8 anos – bodas de cobre
9 anos – bodas de bronze
10 anos – bodas de estanho
15 anos – bodas de cristal
20 anos – bodas de porcelana
25 anos – bodas de prata
30 anos – bodas de pérola
35 anos – bodas de coral
40 anos – bodas de rubi
45 anos – bodas de safira
50 anos – bodas de ouro
55 anos – bodas de esmeralda
60 anos – bodas de diamante
65 anos – bodas de platina
70 anos – bodas de vinho
75 anos – bodas de brilhante
80 anos – bodas de nogueira ou carvalho
85 anos – bodas de girassol
90 anos – bodas de álamo
95 anos – bodas de sândalo
100 anos – bodas de jequitibá

É natural que um casal busque burilar seu relacionamento a ponto de ganhar *status* de pedra preciosa. Somos assim, heróis desejando lutar, conquistar e amar. Ou seguimos o amor ou seguimos o medo de não amar e sabotamos nosso coração pensando que, dessa forma, estamos sendo espertos demais.

São estradas distintas, e nossa escolha depende exclusivamente de perseverança.

De poucos rastros.

E alguns detalhes.

Interessante, conversando com meus incontáveis botões, me surpreendi imaginando a seguinte cena:

Shakespeare encontra-se com Drummond e diz bem assim:

– E agora, José?

Drummond rebate:

– Amar ou sabotar?

Shakespeare completa:

– Eis a questão.

Os dois sentam-se no alto de uma montanha para contemplar o pôr do sol, para falar de suas experiências amorosas e para contar lindos contos de fadas. Sim, o Criador guarda mais um sol dourado no cofre de nossas emoções romanceadas, enriquecidas com substâncias imateriais, suficientes para a razão calar todas as perguntas e dúvidas em relação ao amor.

Acho linda demais essa imagem de ficarmos mais e mais ricos a cada pôr do sol que assistimos.

E, por ver tanta lindeza nessa imagem, faço questão de deixar aberta a porta dos fundos deste capítulo com um poema de André Bordini (2002, p. 143):

Houve uma noite

Em que no circo pobre

Anunciaram um faquir

Que faria o sol parar ao meio-dia

Bem defronte ao jardim da escola.

Eu era menino e o sol parou para mim.

De tudo

Ficou a lembrança lilás

De um tempo de malvas.

Devemos agradecer ao André por nos fazer acreditar nos poderes do faquir, na paralisação do sol, em sutilezas que transcendem o reino das fadas...

15

Humor e leveza: um caminho narrativo

Histórias contadas com suavidade pesam menos de um grama. Já histórias arrastadas e contadas com um sacrifício velado, essas pesam, cada uma, de dezenove a quarenta e três gramas. E, para alcançar um patamar de leveza literária, o contador de histórias precisa recuperar os seus sorrisos internos e abrir mão da preocupação em querer agradar a plateia. O caminho? A simplicidade discursiva, as *nuances* do humor...

Mikhail Uskhabellus[16]

Duvido muito que alguma criança falaria que o rei está nu. Criança que é criança tem ares de Emília e fala tudo na lata, sem dourar a pílula:

– O rei tá pelado! Olha lá! Tá pelado mesmo!!!

No conto *As roupas novas do Imperador*, de Hans Christian Andersen, uma criança revela a farsa dos alfaiates, a nudez do rei, a hipocrisia da corte; enfim, a criança, representando a espontaneidade e a verdade, revela a sombra e desmascara a vaidade exacerbada do rei.

Também no conto *O ganso de ouro*, dos Irmãos Grimm, ocorre algo semelhante. Uma princesa que nunca ri está na janela e vê passar uma

---

[16] *In*: USKHABELLUS, Mikhail. *A fisiologia do sorriso espontâneo e da gargalhada estridente*. Tradução de Sergio Alves. 479. ed. Juiz de Fora: Franco, 2001. p. 111. (Coleção Reunindo os Pensamentos de Mikhail Uskhabellus).

fila de gente grudada a um ganso de ouro que, por sua vez, está sendo carregado por um rapaz. A princesa tem um acesso de risos ao contemplar a cena. Novamente o inusitado, por meio do riso, rompe uma sequência linear de fatos esperados e traz a sombra à tona.

Henri Bergson reuniu muitos risos para escrever *O riso: ensaio sobre a significação da comicidade.* Bergson (2001, p. 15) trata o riso como um *gesto social* e nos dará o prazer de ouvir a sua voz hilariante:

> Pelo medo que inspira, o riso reprime as excentricidades, mantém constantemente vigilantes em contato recíproco certas atividades de ordem acessória que correriam o risco de isolar-se e adormecer; flexibiliza enfim tudo o que pode restar de rigidez mecânica na superfície do corpo social. O riso, portanto, não é da alçada da estética pura, pois persegue (de modo inconsciente e até imoral em muitos casos particulares) um objetivo útil de aperfeiçoamento geral. Tem algo de estético, todavia, visto que a comicidade nasce no momento preciso em que a sociedade e a pessoa, libertas do zelo da conservação, começam a tratar-se como obras de arte. Em suma, se traçarmos um círculo em torno das ações e disposições que comprometem a vida individual ou social e que punem a si mesmas por suas consequências naturais, fica fora desse terreno de emoção e de luta, numa zona neutra em que o homem serve simplesmente de espetáculo ao homem, uma certa rigidez do corpo, do espírito e do caráter, que a sociedade gostaria ainda de eliminar para obter de seus membros a maior elasticidade e a mais elevada sociabilidade possíveis. Essa rigidez é a comicidade, e o riso é seu castigo.

Você está coberto de razão, Bergson, o riso castiga e denuncia. Ele é uma família de sorrisos reunida. Um estardalhaço involuntário, irrefreável, instintivamente espontâneo. Ele desmonta qualquer burocrata, qualquer estrutura pautada pela formalidade. E, para ser curto, grosso e sintetizar as mais diversas teorias da comicidade, temos de concordar que tudo aquilo que o povo diz com demasiada frequência é tiro e queda. E se já virou ditado na boca do povo que rir é o melhor remédio, então significa que o riso desencadeia alguma função terapêutica em nosso organismo. Isso! O riso desopila o fígado, alivia tensões musculares e descontrai o ambiente. Ele abre cortinas emocionais e apresenta sentimentos até então ocultos, inéditos, desajeitados.

Sugiro que estejamos abertos e prontos para rir um sem-fim de risos escancarados. Que aceitemos correr todos os riscos ao contar uma história, que desarmemos o coração, que deixemos nossa narração livre, com palavras soltas, com nossas palavras totalmente descontraídas, genuínas. O humor brota de uma relação saudável e espontânea que temos com as histórias, com as palavras que selecionamos para narrar essas mesmas histórias.

> Acima de tudo, a criança precisa de referenciais de espontaneidade, de ouvir gente falando pelas vísceras, expressando ideias originais. A criança precisa perceber que existe gente vivendo a própria vida e assinando o próprio discurso. Ela não pode retrair-se em função da crise de humor que prevalece nos meios sociais.

Ela, criança, precisa descobrir que a língua existe para comunicar e que existe gente descomplicada, resolvida e que sabe administrar seus problemas e fragilidades com felicidade e uma simplicidade encantadora. Descobrir que os contos de fadas existem para assegurar que nossa existência possa ser original. Uma sucessão de momentos bonitos. Uma certeza incontestável de que podemos catalisar e atrair à nossa rotina os acontecimentos que realmente desejamos.

As histórias possuem força para transmitir ao público infantil que o cotidiano não precisa ser um mar de lamentações e desejos irrealizados.

E o humor entra aí, revelando à criança que ela pode viver com leveza e que faz todo o sentido do mundo ela rir de si mesma em todas as fases: na infância, na adolescência, na fase adulta, na velhice e na maneira como encarará sua morte e trabalhará essa despedida de si mesma. Parece incrível, mas a gente só passa a viver realmente quando começa a rir da morte, a entender que uma vida vivida com intensidade nunca morre, continua pelos tempos, enriquecendo a consciência e a lembrança daqueles que ficaram.

Charmosas transgressões

Existe uma linha de contadores de histórias que não acrescenta ao seu discurso uma vírgula sequer em relação ao texto integral, muito menos cenas extras. Quando faço transgressões ao texto original, pergunto às crianças se posso mudar a história, se elas não vão ficar bravas comigo. Tendo recebido o consentimento das crianças, daí, sim, possuo aval para usar e abusar da força da fantasia e do humor ocasional. E tem mais: só poderei fazer uma série de transgressões e brincadeiras se o meu público ouvinte já conhece e está familiarizado com a versão clássica do conto que será contado; caso contrário, estarei incorrendo num erro gravíssimo: as crianças não terão condições de nutrir-se simbolicamente dos arquétipos do texto integral nem compreenderão a dimensão das alterações, das brincadeiras.

Penso que os contadores podem encontrar um ponto intermediário respeitando os núcleos cênicos e enfeitando o pavão nos detalhes, os quais costumam embelezar ainda mais a história. O famoso toque de Midas. As palavras vão virando ouro nos ouvidos das crianças. Se o contador não puder expandir sua criatividade e sua emoção, a história fica mutilada, carente de cor, de sabor.

Adoro contar *Os Três Porquinhos*. Até inventei uma versão para esse conto.

É mais ou menos assim...

Era uma vez um porquinho que estava andando e encontrou um monte de palha. Resolveu fazer uma casa com aquela palha. Quando a casa ficou pronta, ele ajeitou a cortina, as flores da janela e olhou para a frente.

O porquinho deu de cara com o...

Carteiro!

O porquinho abriu a carta e leu em voz alta:

Cuidado! O Lobo Mau está chegando.

Dobrou e guardou a carta na gaveta da cômoda.

Correu para a janela e deu de cara com...

Uma abelha!

A abelha levou um pote de mel de presente para o porquinho.

Com uma vontade grande de devorar e engolir todo o mel, o porquinho abriu a tampa e afundou a sua pata no pote. A pata ficou presa no pote. E o pote ficou preso na pata. O porquinho começou a puxar, puxar e nada de a pata desentalar do pote. Um puxa que puxa que puxa e nada. O porquinho quebrou o pote no chão e o pote virou um monte de caquinhos. Cada caquinho virou um menininho ou uma menininha. Cada um de uma cor. Tinha menina azul, cor-de-rosa, preta. Menino amarelo, verde, branco. As crianças coloridas se deram as mãos e foram descansar embaixo da janela do porquinho. Lá, elas se transformaram em flores. O porquinho aspirou aquele perfume delicioso e olhou para a frente.

Ele deu de cara com...

A Raposa Boa!

A Raposa entrou rebolando e foi logo se sentando à mesa para tomar um chá de jabuticaba com biscoitos de sequilho. Depois de tomar chá e comer à vontade, ela pediu licença para ir embora. A Raposa Boa saiu rebolando e foi direto à manicura para fazer suas unhas, aproveitaria para também fazer um penteado novo na cabeleireira. E não é porque o porquinho seja porco que ele nasceu e cresceu porco; pelo contrário, o senhor porquinho cresceu asseado e fazia questão de morar num ambiente limpo. Por isso, lavou a xícara, o pires e o pratinho que a Raposa usou.

Ele correu até a janela para dar uma espiada.

O porquinho deu de cara com o...

Lobo Mau!

O Lobo chegou querendo jogar futebol com o porquinho. Gol a gol. Gol do porquinho, gol do Lobo, gol do porquinho, gol do Lobo. De tanto jogar, foi dando uma fome danada no Lobo. E não era fome de hambúrgueres, macarrão ou chocolate. A fome que o Lobo Mau estava sentindo era fome de bacon, filé suíno, torresminho, linguiça. O Lobo perguntou ao porquinho se ele queria brincar de sanduíche, de entrar dentro de sua boca e contar quantos dentes afiados ele tinha. O porquinho entrou rapidamente para sua casa de palha e trancou a porta. O Lobo assoprou e a casa desmoronou.

O porquinho fugiu para a casa do outro porquinho.

A casa de madeira.

(Aqui, repete a sequência da chegada do carteiro, da abelha, da Raposa Boa e por último do Lobo Mau.)

O conto atinge o seu clímax quando *o terceiro porquinho encontrou uma pilha de tijolos. Esse último porquinho tinha um sonho antigo: construir uma piscina com trampolim. Um problema: se ele construísse a piscina, onde dormiria e moraria? Baseado nisso, ele construiu a piscina e ficou nadando cachorrinho, borboleta, costas, de lado, de qualquer jeito, sem jeito nenhum. Depois de toda aquela sequência (carteiro, abelha, Raposa Boa), o Lobo Mau chegou e entrou na água. Os dois pularam várias vezes do trampolim, apostaram corrida e nadaram bastante até a fome do Lobo aparecer na jogada.*

E o conto segue por esses caminhos inusitados.

Quando questiono os professores se o porquinho deveria construir a casa ou a piscina com aqueles poucos tijolos, todos são unânimes em responder a casa. Sim, primeiro o dever e depois o lazer, primeiro a casa e depois a piscina com trampolim. De jeito nenhum! Não nos esqueçamos de que a criança crescerá e passará décadas pagando contas e mais contas. E por que ela não pode, pelo menos no plano imaginário, morar numa piscina e deixar a casa de lado, para segundo plano? O importante, nesse caso, é a criança ser arquimilionária em seu imaginário. Ela passará muito tempo dentro da realidade preocupando-se com prestações, aluguel e limites orçamentários. Enquanto passeia pela infância, ela pode morar na piscina, matar um dragão enorme e levitar no ar. Sim, a criança pode e deve romper as imperceptíveis camadas da realidade densa.

Há alguns anos tive a felicidade de escrever com a amiga e escritora Regina Drummond uma versão moderna de *Chapeuzinho Vermelho* para apresentar um projeto que fazíamos todo início do ano pelos municípios do estado de São Paulo. A Regina vinha da Alemanha exclusivamente para o projeto. Ela costumava dizer que nós fizemos um Tratado de Tordesilhas e dividimos o estado em duas metades: tantas cidades para ela e tantas para mim. Pois então, nós dois bolamos essa nova versão para apresentar o Projeto *Gosto de Ler* (Secretaria de Estado da Cultura – Governo do Estado de São Paulo) aos representantes dos municípios que participaram do projeto em 2002. A encenação surpreendeu a todos, e nós curtimos recriar a saga de *Chapeuzinho Vermelho*.

Chapeuzinho Vermelho

Versão de Regina Drummond & Jonas Ribeiro

PAI: Chapeuzinho, preciso que você vá à casa da sua avó e leve estes livros do José Saramago para ela. Coitada, ela já leu e releu tudo quanto foi livro da biblioteca e está desesperada para devorar a nova safra do Saramago. E já que sua avó vive se gabando dos seus dentes fortes, leve também esta frasqueira básica com alguns pés de moleque e uma rapadura tamanho família. Ela vai gostar de ocupar os dentes enquanto lê.

CHAPEUZINHO: Está bem, papaizinho. Vou num pé e volto no outro.

PAI: Mas, Chapeuzinho, preste muita atenção: não vá pela floresta, que lá mora o erudito Lobo Mau. Ele é obcecado por boa literatura e, quando vê um livro novo, já viu, ele pede emprestado e não devolve mais. Depois, sem os últimos lançamentos do Saramago, sua avó vai querer subir a serra, você sabe disso.

CHAPEUZINHO: Fique tranquilo, papaizinho. Seguirei as setas subjetivas da minha inteligência emocional altamente qualificada e farei tudo isso tendo como parâmetro a astúcia intuitiva das raposas-vermelhas de faro infalível.

(Canta). Pela estrada afora...

(Enquanto Chapeuzinho Vermelho canta e colhe flores para sua avó, o papaizinho vira-se para o público e diz, enquanto tira um lenço de seda do bolso e o ajeita no cós da calça:)

PAI: (Agora é hora de pegar meu rabo portátil e virar o lobo.) Bom dia, linda leitora, aonde vai com tanta pressa?

CHAPEUZINHO: Vou à casa da minha avó. Coitada, ela está com uma fome monstruosa.

LOBO: E essa sua avó está com uma fome convencional ou se trata de uma fome de querer comer algo mais requintado?

CHAPEUZINHO: Exatamente, trata-se de uma fome requintadíssima. Fome de construções gramaticais complexas e metáforas bem elaboradas. Ela está ávida para devorar os últimos lançamentos do Saramago, ainda mais agora que deixou uma fase introspectiva, de só ficar lendo Clarice Lispector. Você sabe que, atualmente, ela está vidrada por literatura portuguesa, caída de amores pelo Saramago?

LOBO: Interessante essa fome dela... Menina, seu pai não lhe disse que na floresta mora o erudito Lobo Mau? E que ele adora engolir as melhores páginas de uma história? Ele não lhe disse?

CHAPEUZINHO: Dizer, ele disse. Só que eu não acredito na erudição desse tal Lobo Mau. Para mim, ele não passa de um charlatão, que, aposto, nem foi alfabetizado pelo construtivismo piagetiano. Puro delírio imaginativo dos Irmãos Grimm. Enfim, tenho de ir andando. (Faz menção de se afastar).

LOBO: (Agarrando-a pelo braço) *Calma lá, leitora perspicaz, os tempos mudaram e o Lobo Mau é outro! Ficou diferente. Não está me reconhecendo?*

CHAPEUZINHO: (Dando um baita grito.) *É o Lobo!*

LOBO: Sim, sou eu mesmo.

CHAPEUZINHO: (Dando outro grito.) *É o Lobo!*

LOBO: Sim, sou eu mesmo.

CHAPEUZINHO: Bem, já que você é você mesmo, vou parar com essa gritaria histérica e dramática. (Dando um último grito.) *Pronto, parei. Voltando ao assunto, você está mudado...*

LOBO: Eu também andei me modernizando, sabia? Fui alfabetizado com uns livros belíssimos. Estudei com professoras num curso maravilhoso...

CHAPEUZINHO: (Interrompendo, muito surpresa) *Curso maravilhoso? Você? E não vai mais me devorar? Neste caso, como eu vou trabalhar o trauma da rejeição que se cristalizará em meu subconsciente?*

LOBO: Nada feito! Depois que li O Bom Selvagem, *de Rousseau, tornei-me incapaz de cometer semelhante atrocidade. Prefiro marcar uma reunião civilizada com todos os integrantes da história e aí a gente pensa em uma reformulação ética de cada passagem do enredo. Por que você está me olhando assim com um ar de incredulidade? É isso mesmo, menina. Agora sou outro, já lhe disse. Mudei.*

CHAPEUZINHO: (Dando o braço ao Lobo) *Bem, já que é assim, vou ter de transferir minha libido para outro objeto que evoque minha sexualidade de uma maneira mais abrangente e satisfatória. Só que, agora, você vai ter de sossegar o pito, parar de ficar andando de um lado para o outro e me contar toda esta história, tim-tim por tim-tim.*

LOBO: Ouça...

E aí nós explicávamos aos participantes o funcionamento do *Gosto de Ler*.

Vale a pena lembrar que *Chapeuzinho Vermelho* é a história mais contada mundialmente. Só sei que nós demos boas risadas colocando o Lobo e a Chapeuzinho em outro contexto. E o público só achou graça porque conhecia a versão original e porque sabia que estávamos conscientes das transgressões que foram feitas.

Pedro Bandeira (1999, p. 18-19), um de nossos grandes ícones da literatura infantojuvenil, também reuniu todas as célebres personagens dos contos clássicos em uma história brilhante, *O fantástico mistério da Feiurinha*. Sue e Allen Gallehugh (2003, p. 103-105) enveredaram pelo mesmo caminho e escreveram um livro intitulado *Contos de fadas para adultos*. Para o conto *João e Maria*, Sue e Allen resolveram abordar a necessidade de se enfrentar objetivamente os problemas para fortalecer a autoconfiança. Eis um trecho da versão que eles criaram:

> Apesar de a situação parecer sem esperança, Maria lembrou-se de que sua mãe verdadeira a aconselhara a encarregar-se da própria vida. Maria então decidiu não bancar a vítima. Cuidadosamente, elaborou um plano de fuga.
>
> Notou que a sra. Bruja exercitava-se várias vezes por dia. Presumiu que a mulher era obcecada por dietas, mas não conseguia controlar o impulso de petiscar na cozinha. Maria também reparou que a maioria das peças do banheiro de hóspedes havia desaparecido e suspeitava de que tais objetos tivessem sido vítimas da gula da sra. Bruja.
>
> Os anos de solidão haviam abalado a pobre mulher; portanto, nas semanas seguintes, ela contou a Maria a história de sua vida. Maria viu que a sra. Bruja possuía uma péssima autoimagem. Também percebeu, ao longo das conversas, que se tratava de uma bruxa (o chapéu preto e pontiagudo também foi uma dica).
>
> A bruxa revelou os problemas da infância e contou como os pais nunca tiveram tempo para ela. Lágrimas inundaram os olhos da sra. Bruja ao partilhar com Maria as lembranças do dia em que aprendera a voar de

vassoura e não havia ninguém para assistir à conquista. A bruxa, obviamente penalizada consigo mesma, disse estar destinada a uma vida solitária e amarga porque os pais a tinham magoado muito.

Maria, incapaz de aceitar o conformismo da bruxa, argumentou:

– Não estou engolindo essa história, sra. Bruja. Também não tenho uma infância feliz, mas não vou deixar que isso estrague minha vida. Não se pode escolher os pais ou a infância, mas podemos determinar nosso presente e futuro.

A bruxa ficou espantada com a veemência de Maria. Conversaram por mais algumas horas acerca de como fazer escolhas positivas na vida. Maria observou que a amargura estava apenas magoando a sra. Bruja e não aqueles que ela realmente queria atingir. A bruxa, tal qual Macbeth, havia alimentado rancores durante séculos.

Por fim, a bruxa decidiu verificar a própria bagagem emocional. Maria ofereceu-lhe várias receitas de baixas calorias e mostrou como controlar a gula com dietas mais saudáveis. Maria também convenceu a bruxa de que o excesso de gordura causava sérias alterações na taxa de colesterol. Para agradecer pela bondade de Maria, a bruxa libertou João e deu a Maria um punhado de receitas deliciosas.

Com a ajuda da sra. Bruja, João e Maria arrumaram seus pertences e ainda ganharam gotinhas de chocolate da bruxa para comer na viagem. Montados na vassoura da sra. Bruja, eles atravessaram o céu, realizando um passeio completo pela região. A bruxa ajudou as crianças a encontrar a choupana e aterrissou a vassoura numa clareira próxima. Após a despedida, João e Maria correram para casa.

Diante de vários trechos literários que rompem com a estrutura canônica dos contos de fadas clássicos, podemos afirmar que o humor mostra o que existe embaixo dos acontecimentos, das pessoas e das estruturas.

E, se estamos brincando com o conteúdo dos contos de fadas, isso mostra que já interiorizamos os tantos arquétipos espalhados (e diluídos) em suas imagens. Já estamos prontos para um mergulho olímpico. Podemos passar da memória superficial e colonizada do aluno para as profundezas de seu inconsciente ancestral. Estamos prontos para assumir um conteúdo psíquico pertencente ao imaginário brasileiro.

Podemos substituir a armadura pela nudez.

Podemos devolver o escudo e a espada para pegar o arco e a flecha.

Sentir a terra dialogando com os nossos pés descalços.

E, certamente, um dos caminhos mais eficazes para recuperarmos a autenticidade de nossa voz, de nosso mito indígena, será contar histórias de nossa terra, de nossas raízes.

16
Tempo de fazer

O contador de histórias atua no campo da Física Quântica. Primeiramente, realiza um trabalho invisível, impalpável, inodoro, insípido, incolor. Prepara a história sem causar alarde e deixar vestígios. Somente quando a história está pronta dentro de si é que o contador pode contá-la, pois, finalmente, depois de um período de maturação, a história ganha volume, textura, contorno, cores, sons, cheiros, sabores. Talvez, se não conseguisse visualizar e acompanhar a construção interna da história, o contador pularia uma etapa de suma importância e correria o risco de contar uma história sem consistência e sem aderência ao imaginário alheio.

Mikhail Uskhabellus[17]

T empo de fazer a história acontecer, de usar o conteúdo dos capítulos anteriores e nossas experiências profissionais e pessoais para qualificar a contação. Tempo de olhar para as nossas habilidades e pensar em formas originais de aproveitá-las nas histórias.

---

17   *In*: USKHABELLUS, Mikhail. *Manifestações científicas da criança que ouve histórias*. Tradução de Fernando Mario Franco. 517. ed. Juiz de Fora: Franco, 2003. p. 135. (Coleção Reunindo os Pensamentos de Mikhail Uskhabellus).

Talvez exista alguma habilidade sua que você nem sonhou em trazer para a contação. Receba uma espada e um escudo. Pra quê? Não questione nada agora, apenas segure-os... Isso! Você vai entrar para uma guerrilha, uma avalanche de perguntas. Preparado? Vamos lá...

Você costura? Consegue colocar a linha na agulha? Prega botão?
Tem vontade de fazer seus próprios fantoches com papel machê?
Canta? Assobia? Toca algum instrumento?
Estala os dedos? Bate palmas de maneira diferente?
Dança? Faz sapateado? Gosta de dançar mesmo não levando jeito?
Fala outro idioma? Domina idiomas imaginários? Fala a língua do pê?
Inventa figurinos novos com as roupas velhas de seu guarda-roupa?
Tem alguns óculos engraçados que não usa mais em alguma gaveta que raramente abre? Gosta de combinar roupas ou prefere contrastar cores?
Faz caretas, franze a testa, mexe as orelhas sem usar as mãos?
Vira estrela, cambalhota ou abre espacate?
Dobra *origamis*? Sabe desenhar e colorir?
Sabe Libras? Tem vontade de colocar no enredo alguma personagem que se comunica em Libras?
Dá para escurecer o ambiente da contação e usar uma lanterna para ler ou mesmo contar uma história em clima de suspense? Você é fascinado por teatro de sombras?
Tem facilidade para construir cenários, marionetes, adereços?
Enquanto conversa, você consegue cativar seus interlocutores? Sabe espichar uma conversa para potencializar a curiosidade alheia?
Se você pudesse se sentar na plateia com os ouvintes para assistir a uma apresentação sua, como gostaria que fosse essa apresentação?
A propósito, você gostaria de hospedar em sua casa os protagonistas e os vilões da história que irá contar? E de preparar uma refeição para eles?

Pronto! Devolva a espada e o escudo. Isso... Entendeu como há sempre um jeito de tornar a história mais interessante? Antes de avançar, convém considerar que nada é mais importante do que a familiaridade e o grau de intimidade que criamos com a história, os tantos vínculos que estabelecemos com o enredo, as cenas, os diálogos, os detalhes. Esse é o nosso trabalho principal: deixar a história crescer em nosso imaginário para termos domínio sobre cada cena, cada passagem de cena, cada informação imprescindível e, desse modo, garantir o entendimento da história e o envolvimento do público ouvinte com uma trama que promove a criticidade, a criatividade.

Agora, sim, temos o principal. Somos um dos amigos preferidos da história. Ou melhor, nós nos tornamos amigos de infância! A história veio morar em nosso imaginário. Ela está em nós e somos um de seus contadores oficiais. Inclusive, temos até certificado do mundo imaginário que nos habilita a contar essa história. Vamos passar para a fase seguinte? Hora de enfeitar o pavão, de encontrar a melhor maneira de contar a história que escolhemos, que absorvemos, que já mora em nós.

Eis os recursos lúdicos mais utilizados na contação:

Baú, mala e sacola de histórias

Quanto tempo queremos que dure nosso baú? Muitos anos? Apenas o ano letivo? Um semestre? Algumas semanas? De acordo com a resposta, escolherei o material: madeira, plástico, isopor, papelão. Haverá alças? Capa? Ficará num único lugar ou será levado para vários lugares? Se viajar de avião com o baú e tiver de despachá-lo no *check-in*, descartada a ideia de produzir um baú de papelão. Por outro lado, se o baú for permanecer na escola, nenhum problema em ser de papelão. De repente, uma caixa de sapato seja exatamente o que estamos buscando, um baú pequeno. Enfim, após definir o material do baú, decidimos como será a pintura ou a decoração.

A mala de histórias cumpre a mesma função do baú e também passa um ar de mistério. O que será que há naquela mala? Quantas viagens já fez? Por quantos países passou? Em quantos hotéis já se hospedou? E se a mala for bem antiga, melhor ainda.

Uma vez, numa feira de livros de Brasília, vi uma contadora com uma mala de histórias. Havia tantas flores de tecido revestindo a mala que não consegui saber de que cor era essa mala. Tive a impressão de que a contadora, em sua excentricidade, levava um jardim ambulante para cima e para baixo.

As sacolas de histórias são tão práticas quanto as malas e podem carregar alguns fantoches, objetos ou imagens plastificadas com as personagens e as cenas da história. Se a professora ou o professor entrarem na sala de aula com a sacola de histórias, os alunos saberão que, em algum momento da aula, todos irão se deslocar para um mundo paralelo.

Avental, saia e casaco de histórias

Além de trazer um bolso com personagens e objetos feitos de feltro ou EVA (Etileno Acetado de Vinila), o avental traz uma paisagem estampada em sua superfície. O contador vai movimentando as personagens e os objetos nessa paisagem à medida que a história avança. Para que essas personagens e esses objetos fiquem afixados no avental, há um velcro colado ou costurado na outra face, o que facilita a colocação e a retirada desses materiais no avental.

Já vi contadoras usando saias cheias de bolsos. E cada bolso guardava uma pista, uma personagem, algum objeto que nos conduzia a um diálogo, uma carta com um trecho da história que era lido na hora. E era importante que o trecho estivesse guardado no envelope porque o ato de abrir o bolso, depois abrir o envelope, fazia parte do processo de desvendar a história, de seguir o fio da meada, cumprir um ritual enigmático e prazeroso. Ah! Teve uma hora em que uma dessas contadoras que vestia a saia de histórias mostrou uma princesa de tecido e a devolveu ao seu respectivo bolso, e, em outro ponto da história, quando, novamente a princesa precisou aparecer, a contadora fingiu procurá-la no bolso errado; porém, boa parte das crianças a alertou de que ela estava abrindo o bolso errado. Ao selecionar o conteúdo dos bolsos da saia de história, sugiro às contadoras que evitem sobrecarregar esses bolsos para que a saia não fique tão pesada a ponto de arrastar no chão.

O casaco de histórias com diversos bolsos também encanta. Pode ser usado tanto pela contadora quanto pelo contador. Quanto mais tecidos e botões diferentes forem usados na produção do casaco, mais inusitado ele ficará. Os bolsos do casaco guardam o começo, o meio e o fim da história: o começo, num bolso interno, no forro. A cena seguinte em outro bolso, perto do coração, e assim por diante. Já o sobretudo, por ser uma peça de roupa bem maior do que o casaco, nele podem caber mais bolsos, o que potencializa o humor, a curiosidade e o mistério. E ai dos contadores que terminarem sua contação sem abrir todos os bolsos de sua saia, de seu casaco ou sobretudo de histórias. Os ouvintes não permitirão que a apresentação acabe sem antes descobrir o que cada bolso guarda.

Flanelógrafo

Trata-se de um painel revestido de flanela, feltro ou similar onde são fixados personagens, objetos e cenários da história. Para destacar o material que será fixado no flanelógrafo, a cor de seu tecido pode variar do cinza ao preto, do verde-escuro ao azul-marinho.

Também pode ser construído com canos e cotovelos de PVC (Policloreto de Vinila). E, para que a plateia tenha uma boa visão da história, nada como um cavalete para elevar nosso precioso painel.

Sugiro aos contadores que coloquem a numeração atrás do material que será fixado no flanelógrafo. Tal recurso se mostrará eficiente para garantir a sequência correta da apresentação e fixação de personagens, objetos e cenários no flanelógrafo.

Utensílios domésticos

Uma história pode ser contada com um simples carretel de linha ou com um único botão. Com duas colheres de café ou com um par de sapatos. Não é o tamanho do investimento no material para a contação que garantirá o sucesso da história, pois, na verdade, a magia está no valor que o contador atribui a cada objeto. Se disser que um pedregulho representa uma pedra preciosa de valor incalculável, na história, esse pedregulho será valioso. Os ouvintes aceitam esses inusitados acordos quando as histórias são contadas com segurança, habilidade, envolvimento.

Releio a história e percorro os cômodos de minha casa ou de meu apartamento à procura de utensílios que dialogam com o enredo. Se nada encontrar de tão interessante assim, vou a armarinhos, lojas de variedades ou supermercados e fico passeando pelos corredores, garimpando produtos. Peneiras; espanadores; vassourinhas; jarras; chaleiras; desentupidores de pia e vaso sanitário. São incontáveis possibilidades. Tenho de olhar calmamente os produtos. Quando achar algo perfeito, saberei que encontrei o material certo para contar a história que escolhi.

Livros de imagens

Um livro que conta história sem palavras, somente com imagens. Uma narrativa visual. A sequência de imagens ao longo das páginas cria o enredo e, à medida que vira as páginas, o leitor desvenda, desbrava e conhece a história. Um livro de imagens tem poucas palavras. Entre essas poucas palavras, encontra-se o título. Para contar um livro de imagens, mostrarei as páginas desse livro à minha plateia. Ao fazer a apresentação, posso produzir onomatopeias e sons que nos remetam à história. Também posso falar frases curtas, mas, em momento algum, explicarei a história. Seria uma insensatez se explicasse aos participantes o que entendi e como senti a história, o que ela me lembrou. O contador de histórias precisa confiar na bagagem de experiências e leituras de seu público.

Na verdade, podemos combinar muitos recursos para obter o resultado desejado. Intercalamos e mesclamos recursos. Um avança, outro recua, de modo que nossa plateia cria uma expectativa de como conduziremos a cena seguinte. Geralmente, um contador começa contando de uma forma e segue até o final da história dessa mesma forma. Porém, quando surpreendemos nossa plateia, sem perceber, alguns ouvintes passam a desejar uma segunda surpresa, uma terceira, uma quarta, numa sucessão de encantamentos.

Seja com *origamis*, seja com mímicas, seja com instrumentos musicais, seja com baús, seja com um livro de imagens, o importante é que o recurso que escolhemos nos deixe bem à vontade para contar uma ou várias histórias.

17

Tempo de ouvir

> Quando você escuta o outro,
> está dizendo para ele:
> eu tenho um lugar para você em mim.
>
> Christian Dunker & Cláudio Thebas[18]

E foi assim que o sábio Rei Nankim alimentou a imaginação dos seus súditos, sem precisar escrever uma linha sequer nas paredes das torres. Ele simplesmente deixou as velas das 777 torres acesas, e a bisbilhotice do povo desandou a imaginar...

Acontece que, enquanto a criadagem ficou carregando cestos e mais cestos de velas, subindo e descendo escadarias, substituindo tocos por velas inteiras, o Rei aproveitou a correria palaciana, deixou o cetro, a coroa e o manto de lado. Em seguida, raspou o cabelo e sujou a pele com terra e carvão. Passaria por um minerador forasteiro. Não queria ser reconhecido. Vestiu um traje modesto e surrado, organizou uma mala com o suficiente e misturou-se ao povo. Hospedou-se em uma estalagem rústica e, por várias semanas, apenas ouviu, escutou e ponderou tudo o que a população falava nas ruas, no comércio, nas tabernas, nas minas, nas praças, na porta da igreja.

---

[18] *In*: DUNKER, Christian; THEBAS, Cláudio. *O palhaço e o psicanalista*: como escutar os outros pode transformar vidas. São Paulo: Planeta do Brasil, 2019. p. 103.

Estarrecido, o Rei ouviu de um pai trabalhador o motivo por que deixou de comprar comida para os filhos. Eram os impostos que o Rei aumentava ao bel-prazer, sem se importar com o bem-estar das famílias. O Rei ouviu uma mãe da periferia chorar a morte da filha. Não havia saneamento básico fora da cidade. No esgoto, a céu aberto, a água era turva, sem falar no acúmulo de lixo. Por que não era recolhido? O Rei, então, colocou-se no lugar de cada súdito e, sem pressa alguma e com toda a atenção, ouviu pais, mães, idosos, crianças, jovens, artistas, loucos, indigentes, ricos, doentes. Estava envergonhado. Poderia ter feito tanta coisa. O que fez foi desprezar seu povo. Mas, pela primeira vez na vida, ouviu de verdade. Seus ouvidos realmente ouviram o que as pessoas falaram. Ouviram sem interromper. Não, aquelas pessoas valorosas não eram simplesmente súditos. Tinham um nome, uma história. E o mais difícil de admitir: todos sonhavam com um reino melhor. Enfim, o Rei se deu conta de que poderia deixar mais bonita a história de todas aquelas pessoas. Era possível. Usaria o poder para reinar com sabedoria. Pediria desculpa aos súditos e nunca mais deixaria de ouvir. Fechou a conta na estalagem e voltou ao palácio.

Rei Nanquim tomou um banho demorado. Precisava limpar-se do egoísmo. E como ele se sentiu leve! Vestiu o manto, a coroa e o cetro. Estava diante de uma nova oportunidade, não poderia desperdiçá-la. O Rei olhou para os pés, para o alto e escreveu uma nova história para seu povo. E a escreveu com generosidade, respeito, poesia. A partir de então, os bens mais preciosos do reino passaram a ser os ouvidos dourados do Rei e a escuta atenta e amorosa.

***

Só mais um verso, leitor, serei breve.

Na página seguinte você encontrará uma história chamada *O novelo do tempo*. Na verdade, nem sei se é uma história com aspecto de poesia ou se é uma poesia fantasiada de história. Mas ela se encontra no final do livro sem precisar ser um novo capítulo. Está aí para dizer que a mais bonita habilidade de um contador de histórias é a de transportar os ouvintes para um mundo mágico e acolhedor. Quando os ouvintes descobrem esses oásis dentro de si, a sociedade inteira sobe um degrau emocional. Obrigado, leitores e contadores de histórias. Que, ao contarmos juntos milhares e milhares de histórias, a gente consiga fazer a Humanidade subir milhares e milhares de degraus.

18

O novelo
do tempo

Antigamente, despencava uma chuva ruidosa,
subia uma lua amorosa, e pronto!
Os deuses desciam para um dedinho de prosa.
As meninas tomavam banho de rosa com chaleira.
E os meninos, pulando numa poça, tomavam banho de mangueira.

Antigamente, por incrível que pareça,
as meninas faziam guerras com sementes de melancia
e os meninos faziam guerras com travesseiros de poesia.
Os padres rezavam missas com tanta alegria,
que as pessoas até flutuavam num reino de harmonia.

As mulheres ouviam novela no rádio e choravam.
Os homens viam beija-flores e sorriam.
Nenhuma criança pedia esmola nas avenidas.
As crianças jogavam bola em quadras coloridas.
Mas tudo isso foi antigamente.

Hoje em dia, as crianças fazem jardins nos olhos de seus pais.
E os pais passam a noite voando nos Olhos do Criador.
As crianças apostam corrida com os anjos.
Os pais, tranquilos, nem tiram os pijamas,
passam horas deitados nas nuvens.

Ouvidos dourados

Hoje em dia, as raízes de todas as árvores
conversam com o coração da Mãe Terra.
E o Pássaro da Imaginação sobrevoa os campos da emoção.
Hoje em dia, a Felicidade bate na porta dos homens
e os homens abrem seus braços para a Felicidade.
É verdade, a velhice não tem mais elos com a chatice.
Os avôs contam lendas de sereias e falam com a boca cheia.
E as avós mostram a língua e fazem castelos na areia.
Tudo agora tem um cheiro de bondade e amizade.
E o fio do presente segue o fio do futuro,
segue o curso do novelo do tempo.

Amanhã, os homens caminharão nas estrelas
e dormirão com os pés cintilantes.
A pobreza receberá um manto de nobreza.
E a fome devolverá o nome para quem não come.
Nossas forças estarão tão unidas
que nosso pensamento varrerá galáxias,
moverá cordilheiras e flocos de espuma.
Passearemos por imensas varandas no Infinito.
E estaremos bonitos outra vez.

Amanhã, o fio de antigamente e o fio do presente
conhecerão o fio do futuro.
O novelo do tempo continuará girando
e enrolando uma linda e intrigante história.
E será exatamente assim que acontecerá:
nossas gargalhadas serão ouvidas por todos os tempos,
e, sem nenhuma pressa,
voaremos e entenderemos o mistério das estrelas,
o fio da nossa história bordado no manto do tempo...

O novelo do tempo

O encantamento está no passado, no presente e no futuro.

Há um lugar dentro de nós e dentro de todos os relógios do mundo que nada e ninguém conseguirá destruir.

É o lugar do sonho, do encantamento, da bondade e do milagre.

É exatamente o lugar e o tempo em que a gente para tudo e conversa com o Sagrado. Querem saber de uma coisa? Acho que a vida vale por isto: por esse tempo fora do tempo, por esse lugar bonito dentro de nós, por esse novelo que reúne nossas lembranças e esperanças num único tempo.

Bibliografia

Chegará o tempo em que as livrarias e as padarias abrirão suas portas no mesmo horário e, antes de comprar o leite e o pão, as pessoas comprarão livros e mergulharão mais cedo na leitura.

Chegará o tempo em que os contos de fadas voltarão a ser contados, trocados e discutidos nas feiras, nos guetos e nas praças. E, com todo o respeito aos cachorros e cadelas, voltará o tempo em que o livro de histórias será novamente o melhor amigo do homem.

E aí, ao terminar um livro, os leitores também farão questão de ler a bibliografia e também a ficha técnica para saber o ano em que a obra foi publicada, quantas vezes foi reimpressa, os nomes do tradutor, editor, ilustrador, editora e até o nome da gráfica em que a obra foi impressa...

ABRAMOVICH, Fanny. *Literatura infantil*: gostosuras e bobices. 5. ed. São Paulo: Scipione, 1997. (Série Pensamento e Ação no Magistério).

ABRAMOVICH, Fanny. *O professor não duvida! Duvida?* 2. ed. São Paulo: Summus, 1990. v. 37. (Coleção Novas Buscas em Educação).

ALBERTI, Verena. *O riso e o risível*: na história do pensamento. Rio de Janeiro: Jorge Zahar; FGV, 1999.

ANDERSEN, Hans Christian. *A roupa nova do imperador*: recriação do clássico conto de fadas por um elenco de estrelas. Tradução de José Rubens Siqueira. São Paulo: Companhia das Letrinhas, 1998.

ASH, Russel; HIGTON, Bernard. (comp.). *Histórias maravilhosas de Andersen*. Tradução de Heloísa Jahn. São Paulo: Companhia das Letrinhas, 1995.

AUBERT, Francis Henrik (org.). *Novas aventuras de Askeladen*. São Paulo: Edusp, 1995.

ALVES, Rubem; ALVARES, André Ianni. *Conversas com quem gosta de ensinar*. Ilustrações de André Ianni. 2. ed. São Paulo: Ars Poetica/Speculum, 1995.

BACH, Dr. Edward. *Os remédios florais do Dr. Bach*. Tradução de Alípio Correia de Franca Neto. São Paulo: Pensamento, 1993.

BANDEIRA, Pedro. *O fantástico mistério da Feiurinha*. Ilustrações de Avelino Guedes. 23. ed. São Paulo: FTD, 1999.

BARROS, Eudóxia de. *Técnica pianística*: apontamentos sugeridos pela prática do magistério e concertos. São Paulo: Ricordi, 1976.

BERGSON, Henri. *O riso*: ensaio sobre a significação da comicidade. Tradução de Ivone Castilho Benedetti. São Paulo: Martins Fontes, 2001.

BETTELHEIM, Bruno. *A psicanálise dos contos de fadas*. Tradução de Arlene Caetano. 9. ed. Rio de Janeiro: Paz e Terra, 1992. v. 24. (Coleção Literatura e Teoria Literária).

BORDINI, André. *Ruínas da Vila Antiga*: formação e resistência de um espaço urbano. Ribeirão Preto: Novo Saber, 2002.

BRANDÃO, Ana Lúcia. *Conta uma história?* Ilustrações de Roger Mello. São Paulo, Paulinas, 1998. (Coleção Magia das Letras; Série Bambolê).

BURDEN, Virginia. *O processo da intuição*: uma psicologia da criatividade. Tradução de Daniel Camarinha da Silva. São Paulo: Pensamento, 1993.

BUSATTO, Cléo. *Contar e encantar*: pequenos segredos da narrativa. Ilustrações de Paulo Maia. 8. ed. 3. reimpr. Petrópolis: Vozes, 2017.

CAFÉ, Ângela Barcellos. *Princípios e fundamentos para o contador de histórias aprendiz*. São Paulo: Lisbon International Press, 2020.

CAGNETI, Sueli de Souza; ZOTZ, Werner. *Livro que te quero livre*. Rio de Janeiro: Nórdica, 1986.

CALVINO, Italo. *Fábulas italianas*. Tradução de Nilson Moulin. 6. reimpr. São Paulo: Companhia das Letras, 1997.

CARVALHO, Barbara Vasconcelos de. *A literatura infantil*: visão histórica e crítica. 2. ed. São Paulo: Edart, 1982. (Coleção Moderna Escola Brasileira).

CARVALHO, Eide M. Murta (org.). *O pensamento vivo de Da Vinci*. São Paulo: Martin Claret, 1986. (Coleção Pensamento Vivo).

CASHDAN, Sheldon. *Os 7 pecados capitais nos contos de fadas*: como os contos de fadas influenciam nossas vidas. Tradução de Maurette Brandt. Rio de Janeiro: Campus, 2000.

CAVION, Elaine Pasquali. *O colecionador de águas*. Ilustrações de Lúcia Hiratsuka. São Paulo: Cortez Editora, 2012.

CHINEN, Allan B. *Além do herói*: histórias clássicas de homens em busca da alma. Tradução de Beatriz Sidou. São Paulo: Summus, 1998.

CHINEN, Allan B. ... *E foram felizes para sempre*: contos de fadas para adultos. Tradução de Cecília Casas. São Paulo: Cultrix, 1993.

COELHO, Betty. *Contar histórias*: uma arte sem idade. 4. ed. São Paulo: Ática, 1991.

COELHO, Nelly Novaes. *O conto de fadas*: símbolos, mitos, arquétipos. São Paulo: DCL, 2003.

COLASANTI, Marina. *Com certeza tenho amor*. Ilustrações da autora. São Paulo: Global, 2009.

COLASANTI, Marina. *Contos de amor rasgados*. Ilustrações da autora. São Paulo: Círculo do Livro, 1990.

COLASANTI, Marina. *Do seu coração partido*. Ilustrações da autora. São Paulo: Global, 2009.

COLASANTI, Marina. *Mais de 100 histórias maravilhosas*. Ilustrações da autora. 2. reimpr. São Paulo: Global, 2015.

COLLODI, Carlos. *As aventuras de Pinóquio*. Organizado por Giorgio de Rienzo. Tradução de Liliana e Michele Iacocca. Ilustrações de Nino e Silvio Gregori. São Paulo: Paulinas, 1992.

CUNHA, Leo. *Cantigamente*. Ilustrações de Marilda Castanha e Nelson Cruz. Rio de Janeiro: Ediouro, 1998.

CUNHA, Leo. *Debaixo de um tapete voador*. Ilustrações de Anna Göbel. Rio de Janeiro: Ediouro, 1997.

DE MASI, Domenico (org.). *A emoção e a regra*: os grupos criativos na Europa de 1850 a 1950. Tradução de Elia Ferreira Edel. 8. ed. Rio de Janeiro: José Olympio, 2000.

DE MASI, Domenico. *O ócio criativo*: entrevista a Maria Serena Palieri. Tradução de Léa Manzi. 2. ed. Rio de Janeiro: Sextante, 2000.

DEL PRIORE, Mary. *Esquecidos por Deus*: monstros no mundo europeu e ibero-americano: uma história dos monstros do Velho e do Novo Mundo (séculos XVI-XVIII). São Paulo: Companhia das Letras, 2000.

DELL, Christopher. *Mitologia*: um guia dos mundos imaginários. São Paulo: Edições Sesc, 2014.

DIAS, Lucy; GAMBINI, Roberto. *Outros 500*: uma conversa sobre a alma brasileira. São Paulo: Editora Senac São Paulo, 1999.

DIECKMANN, Hans. *Contos de fada vividos*. Tradução de Elisabeth C. M. Jansen. São Paulo: Paulinas, 1986. (Coleção Amor e Psique).

DUNKER, Christian; THEBAS, Cláudio. *O palhaço e o psicanalista*: como escutar os outros pode transformar vidas. São Paulo: Planeta do Brasil, 2019.

ÉSTES, Clarissa Pinkola. *O dom da história*: uma fábula sobre o que é suficiente. Tradução de Waldéa Barcellos. Rio de Janeiro: Rocco, 1998.

ÉSTES, Clarissa Pinkola. *O jardineiro que tinha fé*: uma fábula sobre o que não pode morrer nunca. Tradução de Waldéa Barcellos. Rio de Janeiro: Rocco, 1996.

ÉSTES, Clarissa Pinkola. *Mulheres que correm com os lobos*: mitos e histórias do arquétipo da mulher selvagem. Tradução de Waldéa Barcellos. 12. ed. Rio de Janeiro: Rocco, 1999.

FADIMAN, Anne. *Ex-libris*: confissões de uma leitora comum – uma declaração de amor aos livros. Tradução de Ricardo Quintana. Rio de Janeiro: Jorge Zahar, 2002.

FITZPATRICK, Jean Grasso. *Era uma vez uma família*: como desenvolver a inteligência emocional na vida familiar contando histórias e brincando com seus filhos. Tradução de Ana Deiró. 10. ed. Rio de Janeiro: Objetiva, 1998.

FRANZ, Marie-Louise von. *A individuação nos contos de fada*. Tradução de Eunice Katunda. 2. ed. São Paulo: Paulinas, 1985. (Coleção Amor e Psique).

FRANZ, Marie-Louise von. *A interpretação dos contos de fada*. Tradução de Maria Elci Spaccaquerche Barbosa. São Paulo: Paulinas, 1990. (Coleção Amor e Psique)

FREYRE, Kika. *A fantástica história dos contadores de histórias no reino do tudo é possível*: histórias para acordar os homens. Recife: Edupe, 2001. 2. v.

FROND, Brian; LEE, Alan. *Faeries*. London: Souvenir Press Ltd, 1978.

GALLAND, Antoine. Versão. *As mil e uma noites*. Tradução de Alberto Diniz. Apresentação de Malba Tahan. 9. ed. Rio de Janeiro: Ediouro, 2001. 2. v.

GALLEHUAGH, Sue; GALLEHUAGH, Allen. *Contos de fadas para adultos*. Tradução de Paula Andrade. São Paulo: Best Seller, 2003.

GARNER, James Finn. *Contos de fadas politicamente corretos*. Tradução e adaptação de Cláudio Paiva. 2. ed. Rio de Janeiro: Ediouro, 1996.

GILLIG, Jean-Marie. *O conto na psicopedagogia*. Tradução de Vanise Dresch. Porto Alegre: Artmed, 1999.

GOMES, Núbia Pereira Magalhães; PEREIRA, Edimilson de Almeida. *Mundo encaixado*: significação da cultura popular. Belo Horizonte: Mazza; Juiz de Fora: Universidade Federal de Juiz de Fora, 1992.

GONÇALVES, Ana Cristina Canosa. *Madrastas*: do conto de fadas para a vida real. São Paulo: Iglu, 1998.

GRIMM, Jacob; GRIMM, Wilhelm. *Contos de Grimm*: obra completa. Tradução de David Jardim Júnior. Belo Horizonte, Rio de Janeiro: Itatiaia, 2000. v. 16. (Coleção Grandes Obras da Cultura Universal).

GRIMM, Jacob; GRIMM, Wilhelm. *O Gato de Botas*. Tradução de Verônica Sônia Kühle. Ilustrações de Yara Souza. 3. ed. Porto Alegre: Kuarup, 1987. (Coleção Era uma Vez...).

GRIMM, Jacob; GRIMM, Wilhelm. *Os contos de Grimm*. Tradução de Tatiana Belinky. Ilustrações de Janusz Grabianski. 3. ed. São Paulo: Paulinas, 1989.

HAWKING, Stephen. *O universo numa casca de noz*. Tradução de Ivo Korytowski. 5. ed. São Paulo: Arx, 2002.

HELD, Jacqueline. *O imaginário no poder*: as crianças e a literatura fantástica. Tradução de Carlos Rizzi. 2. ed. São Paulo: Summus, 1980. v. 7. (Coleção Novas Buscas em Educação).

HERRIGEL, Eugen. *A arte cavalheiresca do arqueiro Zen*. Tradução de J. C. Ismael. 12. ed. São Paulo: Pensamento, 1994.

JONES, Terry. *O livro de fadas prensadas de Lady Cottington*. Tradução de Luiz Roberto Mendes Gonçalves. Ilustrações de Brian Fround. São Paulo: Marco Zero, 1998.

JUNG, Carl Gustav. *O homem e seus símbolos*. Tradução de Maria Lúcia Pinho. 19. impr. Rio de Janeiro: Nova Fronteira, [s.d.].

KHAWAM, René R. *As mil e uma noites*: damas insignes e servidores galantes. Tradução de Rolando Roque da Silva. São Paulo: Brasiliense, 1991. 8. v.

LARRIEU, Odette. *O romance da raposa*. Tradução e adaptação de Eraldo Miranda. Ilustrações de Bill Borges. São Paulo: Ciranda Cultural, 2020.

LEMOS, Ana Carolina. *A fabulosa Gralha Gralhosa*. Ilustrações de Juliana Basile. São Paulo: Ciranda Cultural, 2020.

LEMOS, Ana Carolina. *Casa de pétalas*: pilares lúdico-poéticos da contação de histórias. Ilustrações de Veruschka Guerra. Recife: Mundo Educacional, 2022.

MACHADO, Ana Maria. *Como e por que ler os clássicos universais desde cedo*. Rio de Janeiro: Objetiva, 2002.

MACHADO, Ana Maria. *Texturas*: sobre leituras e escritos. Rio de Janeiro: Nova Fronteira, 2001.

MACHADO, Regina. *Acordais*: fundamentos teórico-poéticos da arte de contar histórias. Ilustrações de Luiz Monforte. São Paulo: DCL, 2004.

MARTINEZ, Valquiria. *Tarô dos índios*: as cartas totêmicas. São Paulo: Madras, 1998.

MATHIAS, Robert. *Fábulas de Esopo*. Tradução de Manoel Paulo Ferreira. Ilustrações de David Frankland (em cores) e Meg Rutherford (a traço). São Paulo: Círculo do Livro, 1993.

MATOS, Gislayne Avelar. *A palavra do contador de histórias*. São Paulo: Martins Fontes, 2005.

MINDLIN, José. *Uma vida entre livros*: reencontros com o tempo. São Paulo: Edusp/Companhia das Letras, 1997.

MORAES, Fabiano; GOMES, Lenice (org.). *A arte de encantar*: o contador de histórias contemporâneo e seus olhares. São Paulo: Cortez Editora, 2012.

NACHMANOVITCH, Stephen. *Ser criativo*: o poder da improvisação na vida e na arte. Tradução de Eliana Rocha. São Paulo: Summus, 1993.

NARANJO, Claudio. *A criança divina e o herói*: o significado interno da literatura infantil. Tradução de Eneida Ludgero da Silva. Ilustrações de Alexandre Coelho. São Paulo: Esfera, 2001.

PASSERINI, Sueli Pecci. *O fio de Ariadne*: um caminho para a narração de histórias. São Paulo: Antroposófica, 1998.

PAVONI, Amarilis. *Os contos e os mitos no ensino*: uma abordagem junguiana. São Paulo: EPU, 1989. (Coleção Temas Básicos de Educação e Ensino).

PENNAC, Daniel. *Como um romance*. Tradução de Leny Werneck. 4. ed. Rio de Janeiro: Rocco, 1993.

PERRAULT, Charles. *O Barba-Azul*. Tradução de Tatiana Belinky. Ilustrações de Cláudia Scatamacchia. 3. ed. Porto Alegre: Kuarup, 1992.

PRIETO, Heloisa. *Quer ouvir uma história?* Lendas e mitos no mundo da criança. São Paulo: Angra, 1999. (Coleção Jovem Século 21).

PROPP, Vladimir I. *Morfologia do conto maravilhoso*. Tradução de Jasna Paravich Sarhan. Rio de Janeiro: Forense Universitária, 1984.

PUPO, Rosângela Paciello. *Valeu a pena?* Conversando com Eudóxia de Barros. Brasília, DF: Musimed Edições Musicais, 2016.

RIBEIRO, Jonas. *A orquestra dos músicos de Bremen*. Ilustrações de Victor Tavares. 2. ed. São Paulo: Elementar, 2017.

RIBEIRO, Jonas. *A princesa vampira*. Ilustrações de Luciano Tasso. São Paulo: Paulus, 2017.

RIBEIRO, Jonas. *Amigos do folclore brasileiro*. Ilustrações de Laerte Silvino. São Paulo: Ciranda Cultural, 2020.

RIBEIRO, Jonas. *As divertidas pantufas de Cinderela*. Ilustrações de Amanda Freitas. São Paulo: Suinara, 2018.

RIBEIRO, Jonas. *Colcha de leituras*: unindo amores, alinhavando leitores. Ilustrações de Carlos Varejão. 2. ed. Recife: Prefácio, 2019.

RIBEIRO, Jonas. *Devagar e sempre, Tarsila segue em frente*. Ilustrações de Victor Tavares. São Paulo: Elementar, 2021.

RIBEIRO, Jonas. *Quatro porquinhos e um livro*. Ilustrações de Ivan Zigg. 4. ed. São Paulo: Suinara, 2017.

RILKE, Rainer Maria. *Cartas a um jovem poeta*: a canção de amor e de morte do porta-estandarte Cristóvão Rilke. Tradução de Paulo Rónai e Cecília Meireles. 2. ed. São Paulo: Globo, 1993.

RODARI, Gianni. *Fábulas por telefone*. Tradução de Silvana Cobucci Leite. Ilustrações de Bruno Munari. São Paulo: 34, 2018.

RODARI, Gianni. *Gramática da fantasia*. Tradução de Antonio Negrini. 6. ed. São Paulo: Summus, 1982. v. 11. (Coleção Novas Buscas em Educação).

ROSENBERG, Marshall B. *Comunicação não-violenta*: técnicas para aprimorar relacionamentos pessoais e profissionais. Tradução de Mário Vilela. 4. ed. São Paulo: Ágora, 2006.

RUSSELL, Bertrand; LAFARGUE, Paul. *A economia do ócio*. Organizado por Domenico de Masi. Tradução de Léa Manzi, Pedro Jorgensen Junior e Carlos Irineu W. da Costa. 2. ed. Rio de Janeiro: Sextante, 2001.

SILVEIRA, Nise da. *Jung*: vida e obra. 7. ed. Rio de Janeiro: Paz e Terra, 1981. (Coleção Vida e Obra).

SIMÕES JR., José Geraldo (org.). *O pensamento vivo de Chaplin*. Tradução do autor. São Paulo: Martin Claret, 1990. (Coleção Pensamento Vivo).

SIMONSEN, Michèle. *O conto popular*. Tradução de Luís Cláudio de Castro e Costa. São Paulo: Martins Fontes, 1987. (Coleção Literatura Ensino Superior).

SISTO, Celso (org.). *A história fora do papel*: a oralidade e a multiplicação dos espaços. Passo Fundo: Universidade de Passo Fundo Editora, 2013.

SOUZA, Angela Leite de. *Contos de fadas*: Grimm e literatura oral no Brasil. Belo Horizonte: Lê, 1996. v. 15. (Coleção Apoio).

TAVARES, Neila. *Histórias maravilhosas para ler e pensar*. Rio de Janeiro: Nova Era, 2002.

USKHABELLUS, Mikhail. *A fisiologia do sorriso espontâneo e da gargalhada estridente*. Tradução de Sergio Alves. 479. ed. Juiz de Fora: Franco, 2001. (Coleção Reunindo os Pensamentos de Mikhail Uskhabellus).

USKHABELLUS, Mikhail. *Amor, ciência e irracionalidade*: ampliando a capacidade de amar. Tradução de Amir Piedade. 692. ed. Juiz de Fora: Franco, 2001. (Coleção Reunindo os Pensamentos de Mikhail Uskhabellus).

USKHABELLUS, Mikhail. *Manifestações científicas da criança que ouve histórias*. Tradução de Fernando Mario Franco. 517. ed. Juiz de Fora: Franco, 2003. (Coleção Reunindo os Pensamentos de Mikhail Uskhabellus).

USKHABELLUS, Mikhail. *O amor escrito na pele dos astros*: a estrutura molecular do afeto. Tradução de Cláudio Luiz Dal Prá. 1.382. ed. Juiz de Fora: Franco, 2004. (Coleção Reunindo os Pensamentos de Mikhail Uskhabellus).

USKHABELLUS, Mikhail. *O átomo, a palavra e o corpo textual*: teoria quântica e produção literária. Tradução de Márcia Rizzardi. 4.430. ed. Juiz de Fora: Franco, 2005. (Coleção Reunindo os Pensamentos de Mikhail Uskhabellus).

USKHABELLUS, Mikhail. *O óbvio e a sexualidade*: penetrando na simples razão de ser. Tradução de Marilena Cabral. 831. ed. Juiz de Fora: Franco, 2002. (Coleção Reunindo os Pensamentos de Mikhail Uskhabellus).

VERISSIMO, Erico. *Olhai os lírios do campo*. Ilustrações de Paulo von Poser. 4. ed. 6. reimpr. São Paulo: Companhia das Letras, 2005.

WARNER, Marina. *Da fera à loira*: sobre contos de fadas e seus narradores. São Paulo: Companhia das Letras, 1999.

ZIMMER, Heinrich. *A conquista psicológica do mal*. Compilado por Joseph Campbell. Tradução de Marina da Silva Telles Americano. São Paulo: Palas Athena, 1988.

ZOTZ, Werner. *Barco branco em mar azul*. Ilustrações de Alê Abreu. 17. ed. Florianópolis: Letras Brasileiras, 2005.

Foto: arquivo pessoal do autor

Jonas Ribeiro é formado em Língua e Literatura Portuguesas pela Pontifícia Universidade Católica de São Paulo (PUC-SP). Também é formado pelos livros que leu e releu em bibliotecas públicas ou que garimpou em livrarias. Vive inventando um jeito de construir pontes entre as pessoas e os livros. Visitou mais de 1.500 escolas para abrir seus baús de histórias e espalhar poesias. Publicou mais de 160 livros e segue escrevendo, conhecendo o avesso de muitos heróis, vilões e figuras enigmáticas, surpreendentes. Estuda piano, bobeira quântica e manhãs alaranjadas. Pela Cortez Editora publicou vários livros, entre eles: *A descoberta*; *A história bela do gato e da panela*; *O barquinho e o marinheiro*; *O mundo de cabeça pra baixo*; *Lápis novos para todos os povos*.

@oficialjonasribeiro